W0367276

Vorwort

Liebe Schülerinnen, liebe Schüler, liebe Eltern,

Lernen soll informieren, Interesse wecken, Spaß machen, letztlich zu Fähigkeiten und Fertigkeiten führen und damit zu guten Noten. Der Lehrplan für das Fach „Betriebswirtschaftslehre/Rechnungswesen" fordert u. a. das Kennenlernen und selbstständige Anwenden fachspezifischer Arbeits- und Darstellungsweisen sowie das Erlernen von Arbeitstechniken, wie z. B. das Erstellen von Buchungssätzen. Dieses vorliegende Schülerheft baut auf die Jahrgangsstufe 7 auf und erfüllt diese Forderungen durch:

- unsere Beispielunternehmen „G. Holzmann e. K." und „Velo-Conrad e. K."
- Hinführung zu praxisorientierter, aktiver Arbeit, z. B. durch das selbstständige Ausfüllen von und den Umgang mit Belegen, Bankformularen etc.
- Aufgaben, die mit Computerarbeit bekannt machen
- aktive Textarbeit mit Zeitungsartikeln, Interviews, Gesetzestexten usw.
- schülergerechte, häufig spielerische Anwendungsmöglichkeiten
- ein gefälliges Layout mit Grafiken, Bildern etc. und
- üben, wiederholen, üben.

Die Aufgaben beziehen den Erfahrungsbereich der Schüler ein. Zusätzlich zum Unterricht wird der gelernte Stoff vertieft. Damit wird

- die Einsicht in wirtschaftliche Zusammenhänge klarer,
- die Selbstständigkeit und Kreativität der Schülerinnen und Schüler gefördert,
- die Teamfähigkeit verbessert und
- der Lernerfolg gesteigert.

Der Lehrplan sieht ca. 30 % reine Übungszeit vor. Mit diesem Heft wird diese Zeit sinnvoll genutzt. Es bietet unabhängig vom jeweiligen Schulbuch eine Fülle von zusätzlichen Übungsaufgaben. Außerdem

- bringt es Zeitersparnis durch vorgedruckte T-Konten, Rechenblätter etc.,
- erspart es zeitraubende, papieraufwändige und teure Kopien,
- vermeidet es viele lose Blätter,
- bringt es immer aktuelle Daten durch regelmäßige Neuauflagen,
- fassen Merkpunkte die einzelnen Kapitel in einer Kurzübersicht zusammen,
- können sich die Schüler mit dem jeweils letzten Kapitel ein selbstgeschriebenes Wirtschaftslexikon anlegen.

Viel Spaß und Erfolg beim Lesen, Buchen, Rechnen, Knobeln, Malen und Spielen!

Das Autorenteam

Inhaltsverzeichnis

Wiederholung

In Klasse 7 hast du die Grundlagen für das Fach BWR kennengelernt. Die Sommerferien waren lang, daher wirst du im kommenden Kapitel Aufgaben zur Wiederholung des vorhandenen Wissens aus Klasse 7 bearbeiten. Weiterhin werden dich wieder die beiden Unternehmen G. Holzmann e. K. und Velo-Conrad e. K., die du schon im Arbeitsheft BWR 7III kennengelernt hast, begleiten. Viel Spaß dabei!

Das Unternehmen G. Holzmann e. K.
Herr Holzmann erzählt:

„Ich habe meine Schreinerei 2005 als Einzelunternehmen gegründet. Darum steht hinter meinem Namen auch das Kürzel e. K. (eingetragener Kaufmann). Schon immer wollte ich meine eigenen Ideen verwirklichen und deshalb war es seit langem mein fester Entschluss, ein vor allem gewinnorientiertes Unternehmen zu gründen. Freilich liegt das Risiko des Scheiterns meines Unternehmens als Einzelunternehmer auch allein bei mir. Ich muss sogar mit meinem Privatvermögen und nicht nur mit dem Betriebsvermögen haften, falls der Betrieb zahlungsunfähig wird, also „pleite geht". Allerdings muss ich meine Gewinne auch mit keinem Gesellschafter teilen. Die Entscheidungen, welche Produkte wir herstellen, bleiben letztlich ganz allein mir überlassen, so zum Beispiel die Aufnahme von nachhaltig produzierten Möbeln aus heimischen Hölzern in unser Sortiment. Die Arbeit mit natürlichen Materialien verpflichtet zu einer konsequent nachhaltigen Produktion. Ich bin gerade dabei, mein Unternehmen von einem neutralen Gutachter in Sachen Umweltschutz zertifizieren zu lassen.

Als gebürtiger Würzburger entschied ich mich auch für diesen Standort. Mein Unternehmen ist am Stadtrand in der Gewerbestraße 2, gleich gegenüber der Firma „Velo-Conrad e. K.", angesiedelt.

Ich bin nun 55 Jahre alt und hoffe, dass in absehbarer Zeit meine beiden Töchter das Unternehmen weiterführen werden. Mein Unternehmen könnte dann in eine Kapitalgesellschaft umgewandelt werden. Vielleicht als „Gesellschaft mit beschränkter Haftung" (GmbH), dann können beide als Gesellschafterinnen das Unternehmen nach außen vertreten.

Name des Unternehmens:	*Schreinerei G. Holzmann e. K.*
Anschrift (Firmensitz):	*Gewerbestraße 2* *97074 Würzburg*
Inhaber:	*Georg Holzmann*
Rechtsform:	*Einzelunternehmen*
Unternehmensziel:	*Nachhaltige Möbelproduktion*
Branche:	*Schreinerei (Fensterbau und Einrichtungen nach Maß)*
Rohstoffe:	*Massivhölzer aus heimischer, nachhaltiger Forstwirtschaft (Kiefernbretter, Buchenbretter, ...)*
Fremdbauteile:	*Schrankleuchten, Innenspiegel, Schlösser, Beschläge, ...*
Hilfsstoffe:	*Schrauben, Nägel, Lacke, Anstrichfarben, Leim, ...*
Betriebsstoffe:	*Öl, Gas, Strom, Benzin, Diesel, Reinigungsmittel, Wasser*
Produkte:	*Fenster mit Holzrahmen, Schränke, Regale, Schreibtische, Stühle, Bettgestelle, Nachtkästchen, Esstische, ...*

Das Unternehmen Velo-Conrad e. K.

Velo-Conrad (eine Firmengeschichte):

Der Mechaniker und Ingenieur Ferdinand Conrad gründete 1892 in Schweinfurt ein Unternehmen zum Bau von Fahrrädern und Fahrradteilen. Er wollte von Anfang an kein Massenprodukt herstellen, sondern achtete auf eine stabile Ausführung und langlebige Qualität seiner Räder.

Schon Anfang des 20. Jahrhunderts war die Marke „Conrad“ in Fachkreisen anerkannt, und das Fahrradwerk vergrößerte sich zu einem bedeutenden Unternehmen.

Durch weitere Erfindungen im Bereich der Fahrradtechnik und Patente aus der Feinmechanik wuchs das Unternehmen sehr schnell und hatte in den zwanziger und dreißiger Jahren fast 2.000 Mitarbeiter. Neben Fahrrädern wurden auch Schreibmaschinen und Werkzeugmaschinen hergestellt.

1948 wurde die Schweinfurter Conrad GmbH umorganisiert und auf die alleinige Produktion von Schreibmaschinen ausgebaut. Die Herstellung von Fahrrädern wurde nach Nürnberg ausgelagert, wo noch bis 1974 Fahrräder der Marke „Conrad“ gefertigt wurden. Die zunehmende Motorisierung der Bevölkerung sowie Billigware aus Asien zwangen das Unternehmen Mitte der siebziger Jahre zur Schließung.

Erst der Urenkel des Firmengründers, Thomas Conrad, entwickelte wieder Interesse am Fahrradgeschäft und ließ die Marke „Conrad“ erneut aufleben. 1998 gründete er die Firma Velo-Conrad e. K. in Würzburg. Auch er wollte getreu der Firmenphilosophie hohe Qualität in zeitlosem Design produzieren. Seine Fahrräder wurden rasch von der Fachpresse bemerkt und konnten sich trotz hohem Preisniveau am deutschen Fahrradmarkt behaupten.

Herr Thomas Conrad beschäftigt in Würzburg 37 Mitarbeiter zur Rahmenfertigung und Endmontage der Fahrradmarke „Conrad“. Trotz vorübergehender Wirtschaftsschwäche in Deutschland konnte er in den letzten Jahren die Nachfrage nach seinen Rädern steigern. Unternehmensziel neben der Existenzsicherung des Unternehmens ist vor allem die Verantwortung als Arbeitgeber seinen Mitarbeitern gegenüber. Ihnen bietet er nicht nur attraktive Löhne und Gehälter, sondern auch umfassende Sozialleistungen wie etwa eine betriebliche Altersversorgung.

Name des Unternehmens:	*Velo-Conrad e. K.*
Anschrift (Firmensitz):	*Gewerbestraße 3 97074 Würzburg*
Inhaber:	*Thomas Conrad*
Rechtsform:	*Einzelunternehmen*
Unternehmensziel:	*Fahrradherstellung mit sozialer Verantwortung*
Branche:	*Fahrräder und Fahrradteile*
Rohstoffe:	*Metall, Aluminium*
Fremdbauteile:	*Fahrradklingeln, Tachometer, Ledersättel,…*
Hilfsstoffe:	*Lacke, Schrauben, Klemmen, Nieten,…*
Betriebsstoffe:	*Öl, Gas, Strom, Benzin, Diesel, Reinigungsmittel, Wasser*
Produkte:	*Fahrräder von hoher Qualität und zeitlosem Design*

Aufgabe 1

Dir liegen folgende Belege vor. Betrachte dir diese und bearbeite die dazugehörigen Aufgaben.

1. Als Mitarbeiterin/Mitarbeiter im Unternehmen Holzmann e. K. in der Buchführungsabteilung liegt dir folgende teilweise ausgefüllte Quittung vor.

Quittung

Nettobetrag	
+ Umsatzsteuer	19%
= Gesamtbetrag	238,00

Gesamtbetrag in Worten

(im Gesamtbetrag ist die Umsatzsteuer enthalten)

von *Holzmann e.K.*

für *Holzleim*

Ort/Datum *Würzburg, 09.10.20..*

Buchungsvermerk | Stempel/Unterschrift des Empfängers

a) Berechne die Umsatzsteuer und den Nettobetrag in €.

Lösung:

b) Fülle die Quittung vollständig aus.

c) Bilde den Buchungssatz zum Beleg.

2. Analysiere den Kontoauszug. Los geht's!

Kreditbank Würzburg E-Mail: infokredit-wue@t-online.de IBAN DE02 7908 0001 0000 1543 31 BIC HGENDEDA			Auszug/Jahr 27/20..	Blatt-Nr. 1 von 1
Buchungstag	Wert	Vorgang	**Kontoauszug**	**€-Konto**
04.06.	04.06.	Gutschrift Landner, Holzschrank		6.140,40 +
04.06.	04.06.	Darlehenstilgung		10.000,00 -
Herrn/Frau/Firma G. Holzmann e. K. Gewerbestraße 2 97074 Würzburg			Alter Kontostand Neuer Kontostand	3.864,00 + 4,40 +
KONTO; KARTEN; KREDITE WIR BERATEN SIE GERN			Letzte Erstellung: 03.06.20.. Erstellungstag: 04.06.20../10:54	

a) Was bedeuten die Zeichen + und - auf dem Kontoauszug und mit welchen Worten können diese auf dem Kontoauszug noch angegeben werden?

b) Formuliere die beiden Geschäftsfälle, die dem Kontoauszug zugrunde liegen.

Geschäftsfall 1:

Geschäftsfall 2:

c) Wie lauten die Buchungssätze zu den vorliegenden Geschäftsfällen?

Geschäftsfall 1 - Buchungssatz:

Geschäftsfall 2 - Buchungssatz:

3. Folgende Rechnung liegt dir vor. Löse dazu die folgenden Aufgaben.

Brandner KG

Hölzer und Furniere

Brandner KG, Alpenstraße 9, 87435 Kempten

Firma
Fa. Holzmann e. K.
Gewerbestraße 2
97074 Würzburg

Tel: 0831 7744-01
Fax: 0831 7744-11
E-Mail: brandnerkg@t-online.de

Rechnung

Lieferung:	Rechnungs-Nr.	Kunden-Nr.	Datum
16.04.20..	123/20..	MA/31	16.04.20..

Pos.	Artikelbezeichnung	Menge	Einzel €	Gesamt €
1	Fichtenholz	60 m^3	17,80	1.068,00
2	Lärchenholz	40 m^3	23,60	944,00
3	Kiefernholz	120 m^3	14,10	1.692,00

Gesamtsumme netto:	3.704,00
Umsatzsteuer 19,00 %	703,76
Gesamtsumme brutto:	**4.407,76**

Zahlungsbedingungen: 30 Tage rein netto. Lieferung „frei Haus“
Bankverbindung: Optibank Kempten
IBAN DE43 7305 0002 0000 0022 44 BIC HGFDDEER
Steuernummer: 100/654/33999 USt.-ID.-Nr. DE847744491

a) Wer ist Empfänger der Rechnung und wie wird diese Art von Rechnung genannt?

____

b) Gib den Warenwert und den Rechnungsbetrag in € an.

Warenwert: ____________________ Rechnungsbetrag: ____________________

c) Welche Lieferbedingung liegt dem Beleg zugrunde und welche andere Lieferbedingung kennst du noch?

____

____

d) Erläutere die geltende Zahlungsbedingung.

____

____

e) Wie heißt der Werkstoff, der aus Sicht des Käufers erworben wurde?

f) Zähle drei weitere Werkstoffe auf, die du in Klasse 7 kennengelernt hast.

g) Bilde den Buchungssatz zu der vorliegenden Rechnung.

4. Arbeite mit folgendem Beleg:

Holzmann
e. K.

Schreinerei, Fensterbau
Einrichtungen nach Maß

G. Holzmann e. K., • Gewerbestraße 2 • 97074 Würzburg

Möbelhaus
G. Landner GmbH
Münchner Str. 35
83395 Freilassing

Gewerbestraße 2
97074 Würzburg
Tel.: 0931 88543
Fax: 0931 885431
Kreditbank Würzburg
E-Mail: holzmann@t-online.de

Rechnung NR.: 16/20..

Datum: 15. Mai 20..
Lieferung: 15. Mai 20..

Pos.	Menge	Leistung	Einzelpreis (€)	Gesamtpreis (€)
1	20,00	Schreibtisch Typ „Works“	258,00	5.160,00
		Nettosumme		5.160,00
		19,00 % Umsatzsteuer		980,40
		Gesamtsumme		**6.140,40**

Zahlbar innerhalb von 10 Tagen rein netto. Lieferung „frei Haus“
Die gelieferte Ware bleibt bis zur vollständigen Bezahlung Eigentum des Lieferers
Amtsgericht Würzburg: HRA 2008 – Steuernummer: 238/471/70500 - USt-ID-Nr. DE123 987 666
IBAN DE02 7908 0001 0000 1543 31 BIC HGENDEDA

a) Es handelt sich hierbei um eine Ausgangsrechnung. Erkläre weshalb.

b) Gib an, wie viele Schreibtische verkauft worden sind.

c) Bis zu welchem Datum muss das Unternehmen den Rechnungsbetrag zahlen?

d) Formuliere den Geschäftsfall zum Beleg. Denke daran, du bist Mitarbeiterin/Mitarbeiter im Unternehmen Holzmann e. K..

e) Erstelle den zur Rechnung dazugehörigen Buchungssatz.

Aufgabe 2

Erinnerst du dich noch an die Bilanz? Kreuze die richtigen Aussagen an und verbessere die falschen.

Aussage	r	f	Verbesserung
Das Kaufmannsgesetzbuch schreibt die Erstellung einer Bilanz vor.			
Die Verbindlichkeiten gehören zum Umlaufvermögen.			
Forderungen sind Schulden des Kunden bei uns.			
Die Aktivseite enthält das Anlagevermögen und das Eigenkapital.			
Die rechte Seite der Bilanz heißt „Haben“.			
Bankguthaben stehen auf der Passivseite der Bilanz.			
Die Forderungen zählen zum Umlaufvermögen.			
Als Anlagevermögen werden Gegenstände bezeichnet, die dem Geschäftsbetrieb dauerhaft dienen.			

Aufgabe 3

In Klasse 7 hast du im Zusammenhang mit der Bilanz auch die Bilanzgleichungen kennengelernt.

- Aktiva = Passiva
- Vermögen = Kapital
- AV + UV = EK + FK

Löse mithilfe der Bilanzgleichungen die folgende Aufgabe, indem du die gesuchten Werte berechnest.

1. FK = 84.000,00 €, EK = 120.000,00 €, Vermögen = ?
2. Kapital = 677.000,00 €, EK = 235.000,00 €, FK = ?
3. AV = 160.000,00 €, UV = 225.000,00 €, FK = 135.000,00 €, EK ?
4. Vermögen = 779.000,00 €, AV = 456.000,00 €, UV = ?

Lösung:

Aufgabe 4

Betrachte dir die vereinfachte Bilanz und vervollständige diese.

Bilanz zum 31.12.

		I. Eigenkapital	120.000,00 €
Grundstücke	113.000,00 €		
Maschinen und Anlagen	72.000,00 €		28.000,00 €
II. Umlaufvermögen		Kurzfristige Bankverbindlichkeiten	68.900,00 €
Vorräte	11.700,00 €		43.000,00 €
Kasse			
			259.900,00 €

Aufgabe 5

Im letzten Schuljahr hast du das Erstellen von Buchungssätzen gelernt. Frische mithilfe der folgenden Aufgabe dein Wissen auf und bearbeite diese unter Beachtung von 19 % USt. Du arbeitest im Unternehmen Holzmann e. K..

1. Kauf eines neuen Lieferwagens auf Ziel, netto 39.000,00 €.

2. Barkauf eines neuen Kopierers für das Büro, netto 2.100,00 €.

3. Wir erhalten eine Rechnung für Heizöl, der Rechnungsbetrag lautet 4.105,50 €.

4. Einkauf von Türschlössern auf Ziel, netto 2.500,00 €, abzüglich 25 % Rabatt.

5. Ausgangsrechnung für 5 Schreibtischstühle. Nettopreis je Schreibtischstuhl 320,00 €.

6. Der Kunde aus Nr. 5 begleicht seine Rechnung per Banküberweisung.

7. Zielkauf von Schrauben, netto 1.750,00 €. Als treuer Kunde erhalten wir einen Rabatt in Höhe von 10 %.

Welche Art von Sofortrabatt ist hier gewährt worden? ______________________________

Nebenrechnungen zu Aufgabe 5:

Aufgabe 6

Im Unternehmen Velo-Conrad e. K. sind folgende Buchungssätze angefallen. Herr Conrad bittet dich um deine Unterstützung, da er die dazugehörigen Geschäftsfälle verloren hat. Hilf ihm, indem du zu jedem Buchungssatz einen passenden Geschäftsfall formulierst.

1.

BK	20.230,00 €	an	FO	20.230,00 €

2.

FO	1.785,00 €	an	UEFE	1.500,00 €
			UST	285,00 €

3.

KBKV	75.000,00 €	an	LBKV	75.000,00 €

4.

AWF	9.900,00 €			
VORST	1.881,00 €	an	VE	11.781,00 €

5.

GR	550.000,00 €	an	BK	550.000,00 €

Aufgabe 7

Dein Chef Herr Holzmann hat dir folgende T-Konten mit Eintragungen auf deinen Arbeitsplatz gelegt. Er möchte, dass du die dazugehörigen Buchungssätze und Geschäftsfälle bildest.

1.

S	AWR		H
KA	4.800,00		

S	KA		H
		AWR, VORST	5.712,00

S	VORST		H
KA	912,00		

Buchungssatz:

Geschäftsfall:

2.

S	FO		H
UEFE, FO	1.904,00		

S	UEFE		H
		FO	1.600,00

S	UST		H
		FO	304,00

Buchungssatz:

Geschäftsfall:

Aufgabe 8

Angebote von Lieferanten zu vergleichen gehört zu deinen täglichen Aufgaben in der Buchführungsabteilung der Firma Holzmann e. K.. Berechne mithilfe des Kalkulationsschemas die gesuchten Werte zu den vorliegenden Angeboten und erläutere anschließend, für welches Angebot du dich entscheidest. Wir benötigen für unsere kommende exklusive Schrankproduktion, die in 4 Wochen startet, 500 m³ (Kubikmeter) Eichenholz.

ANGEBOT Holzhandel **SCHNITZER** aus WÜRZBURG

Eichenholz, natur

- Listeneinkaufspreis/m³ 1.400,00 €
- Bei Abnahme von mind. 450 m³ gewähren wir 3,5 % Rabatt.
- Lieferzeit 2,5 Wochen

ANGEBOT Holzhandel **ROBUST** aus SCHWEINFURT

Eichenholz, natur

- Listeneinkaufspreis/m³ 1.520,00 €
- Treuerabatt 10 %
- Lieferzeit 5 Werktage

Lösung:

1. Strukturierung der Geschäftsbuchführung

Merkpunkte

- Die **Bilanz** ist eine Kurzfassung des Inventars in **Kontenform**. Auf der linken Seite stehen die Vermögenswerte (Aktiva), auf der rechten Seite die Vermögensquellen (Passiva).
- Die erste Bilanz des Geschäftsjahres **(Eröffnungsbilanz)** nimmt die Anfangsbestände auf. In der letzten Bilanz des Geschäftsjahres **(Schlussbilanz)** stehen die Endbestände (Schlussbestände).

- Die Differenz zwischen der Soll- und der Habenseite eines Kontos bezeichnet man als **Saldo**. Die Salden der Bestandskonten entsprechen den jeweiligen Endbeständen. Der Saldo des Gewinn- und Verlust-Kontos (GUV) zeigt den Erfolg des Unternehmens.
- Der **Erfolg** eines Unternehmens ist entweder ein **Gewinn** (Erträge > Aufwendungen, Saldo auf der Soll-Seite des GUV-Kontos) oder ein **Verlust** (Erträge < Aufwendungen, Saldo auf der Haben-Seite des GUV-Kontos).

- Auf den Konten **FO und VE** werden immer **Bruttobeträge** gebucht.
- Auf den **Erfolgskonten** werden immer **Nettobeträge** gebucht.

- **Reihenfolge eines vollständigen Geschäftsganges:**
  1. Ausgangspunkt ist die Eröffnungsbilanz mit den Anfangsbeständen.
  2. Eröffnung der Bestandskonten. Bei den aktiven Bestandskonten kommt der Anfangsbestand (AB) auf die Sollseite. Bei den passiven Bestandskonten kommt der AB auf die Habenseite.
  3. Buchen der laufenden Geschäftsfälle während des Jahres.
  4. Abschluss der Erfolgskonten über das GUV-Konto. Im GUV-Konto stehen dann alle Aufwendungen im Soll und alle Erträge im Haben.
  5. Abschluss des GUV-Kontos über das Eigenkapitalkonto. Hat sich im GUV-Konto ein Gewinn ergeben (Aufwendungen < Erträge), vergrößert sich das Eigenkapital. Hat sich im GUV-Konto ein Verlust ergeben (Aufwendungen > Erträge), verringert sich das Eigenkapital.
  6. Abschluss aller Bestandskonten (auch EK-Konto) über das SBK.
- Die Soll- und die Haben-Seite des Schlussbilanzkontos müssen bei richtigen Buchungen immer gleich groß sein.
- Die Endbestände des Schussbilanzkontos werden in die Schlussbilanz übertragen.

- **Abschlussbuchungen (Beispiele):**

1. Ertragskonten	Ertragskonto an GUV	(z. B. UEFE an GUV)
2. Aufwandskonten	GUV an Aufwandskonto	(z. B. GUV an AWR)
3. GUV-Konto	GUV an EK (bei Gewinn) EK an GUV (bei Verlust)	
4. Aktivkonten	SBK an Aktivkonto	(z. B. SBK an KA)
5. Passivkonten	Passivkonto an SBK	(z. B. VE an SBK)

- **Beachte nochmals, dass für die <u>laufenden Buchungen</u> während des Geschäftsjahres gilt:**

- S **aktives Bestandskonto** H | S **passives Bestandskonto** H

Mehrung (Zunahme)	Minderung (Abnahme)

Minderung (Abnahme)	Mehrung (Zunahme)

- S **Aufwandskonto** H | S **Ertragskonto** H

Buchung im Soll	

	Buchung im Haben

- **Für den <u>Abschluss</u> gilt:**

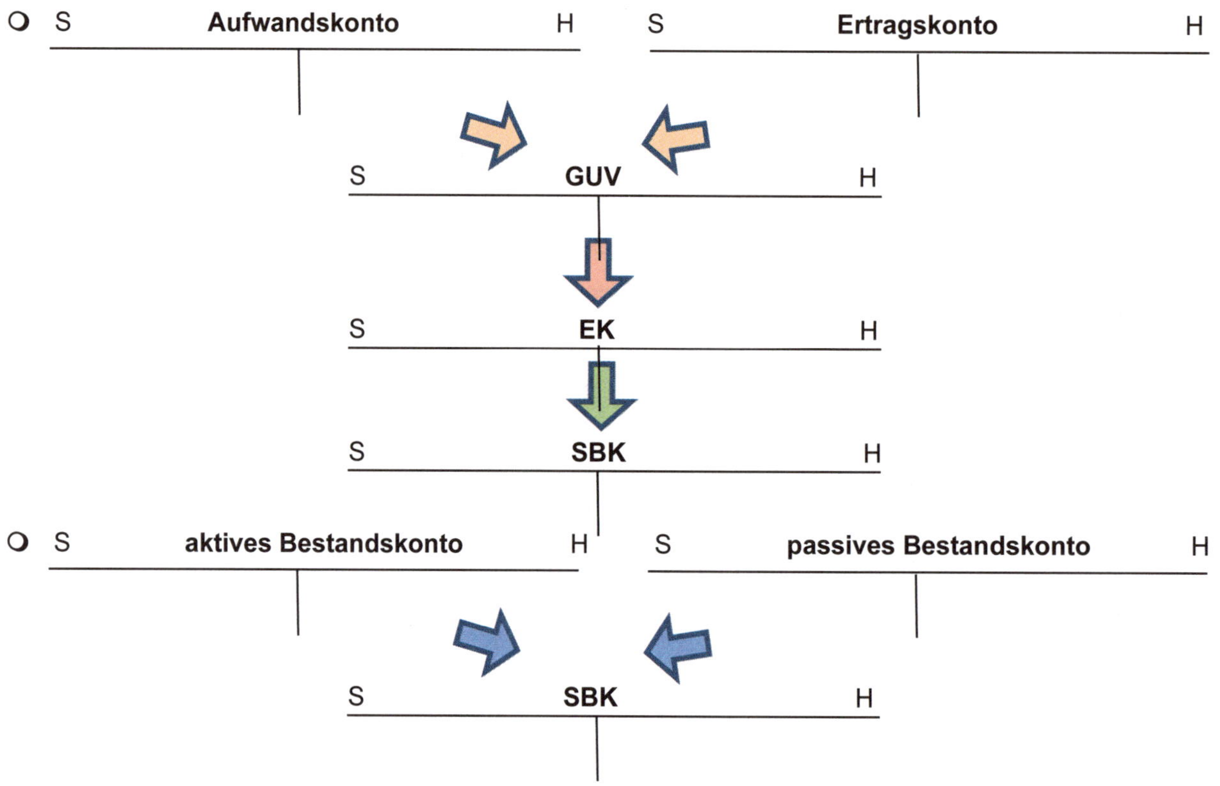

- Bisher hast du beim Erstellen von Buchungssätzen die Abkürzungen der einzelnen Konten verwendet (z.B. Kassenbestand → Abkürzung KA). In diesem Lernbereich lernst du den Industriekontenrahmen (IKR) und den Kontenplan kennen und diesen beim Erstellen von Buchungssätzen anzuwenden.

- Kontenrahmen = Verzeichnis aller Konten → hier wird die große Zahl der Konten in eine einheitliche Ordnung gebracht.
  - Kontenrahmen erleichtern die Arbeit
  - Es gibt verschiedene Kontenrahmen (z.B. Kontenrahmen der Banken, Kontenrahmen der Industrie)
  - In den bayerischen Realschulen wird der Industriekontenrahmen (IKR) verwendet

- Kontenplan = enthält alle Konten, die ein Unternehmen im Rahmen seiner Buchführung verwendet
  - Kontenpläne können von Unternehmen zu Unternehmen verschieden sein

- Gliederung des Kontenrahmens
  - Der Kontenrahmen ist beim Aufbau und der Gliederung auf ein Dezimalsystem (Zehnersystem) festgelegt
  - Es gibt 10 Kontenklassen mit jeweils 10 Kontengruppen mit bis zu 10 Kontenarten und bis zu 10 Kontenunterarten

- Folgender Ausschnitt aus dem Kontenplan für bayerische Realschulen soll dir die Gliederung verdeutlichen

Kontenklasse (erste Ziffer)
0 Sachanlagen

Kontenunterart (vierte Ziffer)
0500 Grundstücke (4-stellige Kontennummer)

Aktive Bestandskonten

Kontenklasse 0 Sachanlagen

05 Grundstücke und Bauten
- **0500 GR** Grundstücke
- **0530 BVG** Betriebs- und Verwaltungsgebäude

07 Technische Anlagen und Maschinen
- **0700 MA** Maschinen und Anlagen

08 Betriebs- und Geschäftsausstattung
- **0840 FP** Fuhrpark
- **0860 BM** Büromaschinen
- **0870 BGA** Büromöbel und Geschäftsausstattung

Kontengruppe (zweite Ziffer)
05 Grundstücke und Bauten

Beachte: Aus Vereinfachungsgründen ist die Kontenart (dritte Ziffer) nicht im Kontenplan an bayerischen Realschulen enthalten.

- Die **Eingabemaske** (eines Buchführungsprogramms) im PC entspricht einem **Vorkontierungsblatt**. Dabei müssen folgende Felder eingegeben werden:

BA	Datum	Soll	Haben	BNR	Text	B/N	Betrag	UCo.

- **Buchungsart (BA):**
  EB: Eröffnungsbuchung
  B: eine laufende Buchung im Geschäftsjahr
  AB: Abschlussbuchung
- **Datum:**
  Der PC trägt automatisch das aktuelle Datum ein.
- **Soll und Haben:**
  Wird auf einem Konto im Soll bzw. im Haben gebucht, so wird in der jeweiligen Spalte die Kontenabkürzung (z. B. FO, VE, KA, usw.) eingetragen.
- **Beleg-Nr. (BNR):**
  Hier wird die Nummer des Belegs erfasst, der zu dieser Buchung geführt hat.
  Merke: KEINE BUCHUNG OHNE BELEG
- **Text:**
  Zur späteren Zuordnung bzw. Wiedererkennung kann die Buchung mit einem kurzen Text oder mit Stichworten ergänzt werden.
- **Brutto/Netto (B/N):**
  Hier muss angegeben werden, ob es sich im vorliegenden Fall um einen Brutto- oder Nettobetrag handelt.
- **Betrag:**
  Der Betrag der Buchung wird eingegeben. Die Währung ist Euro.
- **UCo. (Umsatzsteuer-Code):**
  Hier wird eingetragen, ob es sich um Umsatzsteuer oder Vorsteuer handelt und wie hoch dieser Satz ist.

- **Mandantenanlage:**
  Bevor man in der Lage ist, am PC Buchungssätze zu bilden, muss ein Mandant angelegt werden, d. h. die eigenen Firmendaten werden im Buchhaltungsprogramm eingegeben.
- **Eröffnungsbilanz:**
  Zu Beginn des Geschäftsjahres muss die Eröffnungsbilanz erstellt werden. Sie ist die Grundlage für alle späteren Buchungen. Man erstellt diese Bilanz, indem man alle Eröffnungsbuchungen (EB) vornimmt. Als Beleg-Nr. (BNR) ist dabei EB1, EB2 usw. fortlaufend einzugeben.
- **Schlussbilanz und GUV:**
  Die Schlussbilanz und die GUV-Rechnung können über „Auswertungen – Bilanz“ sichtbar gemacht und ausgedruckt werden.
- **Beachte**, dass unterschiedliche FiBu-Programme auch unterschiedliche Masken haben können.

- **Beachte noch einmal die Reihenfolge der Arbeiten während eines Jahres!**
  1. Eröffnung (Eröffnungsbilanz, Eröffnung der Bestandskonten)
  2. Erfassen der Geschäftsfälle (Belegorganisation, Kontierung, Buchung)
  3. Abschluss (Erfolgskonten, GUV-Konto, Bestandskonten mit dem SBK)
  4. Schlussbilanz

1.1 Buchungen zu Beginn und während des Geschäftsjahres

Aufgabe 9

1. Erstelle eine Eröffnungsbilanz.

   ~~Betriebs- und Verwaltungsgebäude 500.000,00 €~~, ~~langfristige Bankschulden 240.000,00 €~~, ~~Kasse 15.000,00 €~~, ~~Maschinen 146.000,00 €~~, ~~Verbindlichkeiten 70.000,00 €~~, ~~Forderungen 90.000,00 €~~, ~~Bankguthaben 45.000,00 €~~, ~~Büromöbel und Geschäftsausstattung 34.000,00 €~~, ~~Grundstücke 220.000,00 €~~, ~~EK~~ ?

2. Eröffne die Konten.

Aktiva — Bilanz zum 01.01.20.. — Passiva

Aktiva		Passiva	
GR	220000,00€	~~FO~~	~~90.000,00€~~
BVG	500.000,00€	EK	740.000,00€
MA	146.000,00€	LBKV	240.000,00€
BGA	34.000,00€	VE	70.000,00€
FO	90.000,00€		
KA	15.000,00€		
BK	45.000,00€		
	1050000,00€		1050000,00€

Soll	0500 GR ✓	Haben
AB 220.000,00€		

Soll	0530 BVG ✓	Haben
AB 500.000,00€		

Soll	0700 MA ✓	Haben
AB 146.000,00€		

Soll	0870 BGA ✓	Haben
AB 34.000,00€		

Soll	2400 FO ✓	Haben
AB 90.000,00€		

Soll	2880 KA ✓	Haben
AB 15.000,00€		

Soll	2800 BK ✓	Haben
AB 45.000,00€		

Soll	3000 EK ✓	Haben
		AB 740.000,00€

Soll	4250 LBKV	Haben
		AB 240.000,00 €

Soll	4400 VE	Haben
		AB 70.000,00 €

Aufgabe 10

1. Erstelle eine ordnungsgemäße Eröffnungsbilanz.
2. Eröffne die aktiven und passiven Bestandskonten.
3. Bilde die Buchungssätze zu den Geschäftsfällen.
4. Buche in den Konten.

Anfangsbestände im Unternehmen G. Holzmann e. K., Würzburg:

Grundstücke 120.000,00 €, Betriebs- und Verwaltungsgebäude 980.000,00 €, Büromaschinen 18.000,00 €, Forderungen 45.000,00 €, Bank 16.700,00 €, Kasse 980,00 €, Verbindlichkeiten 3.800,00 €, Langfristige Bankverbindlichkeiten 80.000,00 €, Eigenkapital ? €.

Geschäftsfälle:

1. Zielverkauf von Fenstern mit Holzrahmen an die LUX GmbH, netto	4.200,00 €
2. Banküberweisung der LUX GmbH von Nr. 1	
3. Teilweise Tilgung unseres langfristigen Bankkredits	5.000,00 €
4. Zielkauf von Kiefer- und Buchenbrettern, netto	2.000,00 €
5. Barkauf eines neuen Computers, netto	800,00 €
6. Buche die Rechnung Nr. 1266/20.. (siehe Seite 22)	
7. Banküberweisung der Rechnung Nr. 1266/20.. am 30.04.20..	

Aktiva — Bilanz zum 01.01.20.. — Passiva

Aktiva		Passiva	
0500 GR	120.000,00 €	VE	3.800,00 €
0530 BVG	980.000,00 €	LBKV	80.000,00 €
0860 BM	18.000,00 €	EK	1.096.880,00 €
2400 FO	45.000,00 €		
2800 BK	16.700,00 €		
2880 KA	980,00 €		
	1.180.680,00 €		1.180.680,00 €

Soll	0500 GR	Haben
AB 120.000,00 €		

Soll	4400 VE	Haben
		AB 3.800,00 €

Soll	0530 BVG	Haben
AB 980.000,00€		

Soll	4250 LBKV	Haben
		AB 80.000,00€

Soll	0860 BM	Haben
AB 18.000,00€		

Soll	3000 EK	Haben
		AB 1.096.880,00€

Soll	2400 FO	Haben
AB 45.000,00€		
5000 UEFE		
4800 UST 4.998,00€		

Soll	2800 BK	Haben
AB 16.700,00€		
2400 FO 4.998,00€		
4800 UST 798,00€		
2800 BK		

Soll	2880 KA	Haben
AB 980,00€		

Soll	5000 UEFE	Haben
		2400 FO 4.200,00€

Soll	4800 UST	Haben
		2400 FO 798,00€

Soll	2400 FO	Haben
		2400 FO 4.998,00€
		2800 BK
		4800 UST

Soll	4800 UST	Haben
		4800 UST 798,00€
		2800 BK
		2400 FO

Buchungssätze:

1.	2400 FO 4.998,00€	an	5000 UEFE 4.200,00€ 4800 UST 798,00€
2.	2800 BK	an	2400 FO 4.998,00€
3.	4250 LBKV 5.000,00€	an	2800 BK 5.000,00€
4.	6000 AWR 2.000,00€ VORST 380,00€	an	4400 VE 2.380,00€
5.	0860 BM 800,00€ VORST 152,00€	an	2880 KA 952,00€

6. 6000 AWR 6.3000,00€ an 4400 VE 7.497,00€
2600 VORST 1.197,00€

7. 4400 VE 7.497,00€ an 2800 BK 7.797,00€

Brandner KG

Hölzer und Furniere

Brandner KG, Alpenstraße 9, 87435 Kempten

Firma
G. Holzmann e. K.
Gewerbestraße 2
97074 Würzburg

Tel: 0831 7744-01
Fax: 0831 7744-11
E-Mail: brandnerkg@t-online.de

Rechnung

Lieferung:	Rechnungs-Nr.	Kunden-Nr.	Datum
16.04.20..	1266/20..	MA/31	16.04.20..

Pos.	Artikelbezeichnung	Menge	Einzel €	Gesamt €
1	Kiefernholz	20 m^3	350,00	7.000,00
	Abzüglich Rabatt 10 %			700,00
			Gesamtsumme netto:	6.300,00
			Umsatzsteuer 19,00 %:	1.197,00
			Gesamtsumme brutto:	**7.497,00**

Zahlungsziel: 16. Mai 20...Lieferung „frei Haus".
Bankverbindung: Optibank Kempten IBAN DE43 7305 0002 0000 0022 44 BIC HGFDDEER
Steuernummer: 100/654/33999 USt.-ID.-Nr. DE847744491

Nebenrechnungen:

Aufgabe 11

Bilde die Buchungssätze zu folgenden Geschäftsfällen bei der Schreinerei Holzmann.

1. Ausgangsrechnung für Holzfenster, netto 27.300,00 €. Wir gewähren dem Kunden 10 % Rabatt.
2. Wir kaufen Schmierstoffe und Reinigungsmittel für brutto 1.309,00 € und zahlen diese per Girocard.
3. Banküberweisung eines Kunden, 15.600,00 €.
4. Barzahlung für Holzleim, netto 56,00 €.
5. Eingangsrechnung für Fichtenholz, netto 33.800,00 €.
6. Verkauf unserer gebrauchten Hobelmaschine auf Ziel, brutto 13 804,00 €.
7. Begleichung einer Liefererrechnung durch Barzahlung 85,00 € und durch Banküberweisung 1.700,00 €.

1. 2400 FO 29.238,30€ an 5000 UEFE 24.570,00€
4800 UST 4.668,30€

2. 6020 AWB 1.100,00€ an 2800 BK 1.309,00€
2600 VORST 209,00€

3. 2800 BK an 2400 FO 15.600,00€

4. 6020 AWH 56,00€ an 2880 KA 66,64€
2600 VORST 10,64€

5. 6000 AWR 33.800,00€ an 4400 VE 40.222,00€
2600 VORST 6.422,00€

6. 2400 FO 13.804,00€ an 5430 ASBE 11.600,00€
4800 UST 2.204,00€

7. 4400 VE 1.785,00€ an 2800 BK 1.700,00€
2880 KA 85,00€

Nebenrechnungen:

Aufgabe 12

Bilde für folgende Belege jeweils den Buchungssatz und trage diesen anschließend in die T-Konten ein.

1

Waldemar Waldmann
Holzfachhandel

W. Waldmann · Am Waldbichl 10 · 92224 Amberg

Fa. Holzmann e. K.
Gewerbestraße 2
97074 Würzburg

Rechnung Nr. 37/20..

Lieferung:	Kunden-Nr.	Datum
25.01.20..	MA/31	25.01.20..

Artikelbezeichnung	Menge	Einzel €	Gesamt €
Fichtenholz	60 m³	800,00	36.000,00
Abzüglich 20 % Rabatt			7.200,00
		Versandkosten	0,00
		Gesamtsumme netto:	28.800,00
		Umsatzsteuer 19,00%:	5.472,00
		Rechnungsbetrag:	**34.272,00**

Zahlbar ohne weiteren Abzug sofort.
Telefon: 09621 777333 E-Mail: waldi@t-online.de
Bankverbindung: Optibank Amberg
IBAN DE43 7305 0002 0000 0002 24 BIC HIJKDELL
Steuernummer: 100/654/33999 USt.-ID.-Nr. DE847744491

2

Holzmann
e. K.

Schreinerei, Fensterbau
Einrichtungen nach Maß

G. Holzmann e. K. • Gewerbestraße 2 • 97074 Würzburg

Möbelwelt GmbH
Landshuter Str. 101
90411 Nürnberg

Gewerbestraße 2
97074 Würzburg
Tel.: 0931 88543
Fax: 0931 885431
Kreditbank Würzburg
E-Mail: holzmann@t-online.de

Rechnung NR.: 25/20..

Datum: 20. Januar 20..
Lieferung: 20. Januar 20..

Pos.	Menge	Leistung	Einzelpreis (€)	Gesamtpreis (€)
1	40	Schreibtisch Typ „Works"	258,00	10.320,00
2	80	Bürostühle Typ "Works"	125,00	10.000,00
		Rabatt 10%		2.032,00
		Nettosumme		18.288,00
		19,00% Umsatzsteuer		3.474,72
		Gesamtsumme		**21.762,72**

Zahlbar innerhalb von 10 Tagen mit 2% Skonto oder 30 Tagen rein netto. Lieferung „frei Haus"
Die gelieferte Ware bleibt bis zur vollständigen Bezahlung Eigentum des Lieferers
Amtsgericht Würzburg: HRA 2008 – Steuernummer: 238/47 1/70500 - USt-ID-Nr. DE 123 987 666
IBAN DE02 7908 0001 0000 1543 31 BIC HGENDEDA

Beleg1:

6000 AWR 29.800,00€
2600 VORST 5.472,00€ an 4400 VE 34.272,00€
↳ weil Einkauf ↳ Schulden beim Einkauf

Beleg 2:

2400 FO 21.762,72 an 5000 UEFE 18.288,00€
4800 UST 3.474,72€

Soll	6000 AWR	Haben
4400 VE 28.800,00€		

Soll	4400 VE	Haben
		6000 AWR 2600 VORST 34.272,00€

Soll	2600 VORST	Haben
4400 VE 5.472,00€		

Soll	2400 FO	Haben
5000 UEFE 4800 UST 21.762,72€		

Soll	5000 UEFE	Haben
		2400 FO 18.288,00€

Soll	4800 UST	Haben
		2400 FO 3.474,00€

Aufgabe 13

Welche Geschäftsfälle liegen den folgenden Eintragungen in den Konten der Firma G. Holzmann e. K. zugrunde? Tipp: Bilde zuerst den Buchungssatz und erstelle dann den Geschäftsfall.

BK

S			H
AB	34.000,00	2. VE	30.000,00
5. FO	114.240,00		

FO

S			H
4. UEFE UST	114.240,00	5. BK	114.240,00

VORST

S			H
1. VE	9.690,00		
3. VE	5.225,00		

AWH

S			H
3. VE	27.500,00		

UEFE

S			H
		4. FO	96.000,00

UST

S			H
		4. FO	18.240,00

VE

S			H
2. BK	30.000,00	1. AWR, VORST	60.690,00
		3. AWH, VORST	32.725,00

AWR

S			H
1. VE	51.000,00		

1.

2.

3.

4.

5.

Aufgabe 14

Wie lauten die Buchungssätze aufgrund des folgenden Kontoauszugs der Firma G. Holzmann e. K.?

Kreditbank Würzburg E-Mail: infokredit-wue@t-online.de
IBAN DE02 7908 0001 0000 1543 31 BIC HGENDEDA

Auszug/Jahr 2/20..
Blatt-Nr. 1 von 1

Buchungstag	Wert	Vorgang	**Kontoauszug** / **€-Konto**
04.01.	04.01.	Gutschrift für AR Nr. 35-..	178,50 H
04.01.	04.01.	Bareinzahlung	800,00 H
04.01.	04.01.	PC-Überweisung/Online Klatt GmbH, R.Nr. 49A/20..	1.880,20 S

Herrn/Frau/Firma
G. Holzmann e. K.
Gewerbestraße 2
97074 Würzburg

Alter Kontostand	3.980,00 H
Neuer Kontostand	3.078,30 H

KONTO; KARTEN; KREDITE
WIR BERATEN SIE GERN

Letzte Erstellung: 03.01.20..
Erstellungstag: 04.01.20../13:50

1.

2.

3.

1.2 Erfolg, Erfolgskonten, Eigenkapital

Aufgabe 15

Fülle den Lückentext aus.

Alle Erfolgskonten werden über das ______________________ abgeschlossen. Den Unterschied zwischen allen Aufwendungen und Erträgen nennt man ________________________. Der negative Erfolg heißt __________________, der positive Erfolg heißt ___________________.

Aufgabe 16

1. Schließe die Erfolgskonten über das GUV-Konto ab. Tipp: Verwende den QR-Code → Video

Soll	AWR		Haben
VE	23.000,00		
VE	32.000,00		
VE	12.000,00		

Soll	AWH		Haben
VE	280,00		

Soll	AWF		Haben
BK	380,00		

Soll	UEFE		Haben
		FO	64.000,00
		FO	57.000,00
		BK	890,00

Soll	GUV		Haben

2. Bilde für die vier oben abgebildeten Erfolgskonen (AWR, AWH, AWF, UEFE) Abschlussbuchungssätze.

3. Bilde den Abschlussbuchungssatz für das GUV-Konto und schließe es ab (Gegenkonto angeben).

4. Gib die Höhe und Art des Erfolgs an.

____

Aufgabe 17

In der Firma Velo-Conrad e. K. liegt folgendes GUV-Konto vor:

Soll		Gewinn- und Verlustkonto	Haben
Aufwendungen Rohstoffe	855.000,00	Umsatzerlöse Fertigerzeug.	1.725.200,00
Aufwendungen Fremdbauteile	321.000,00		
Aufwendungen Hilfsstoffe	168.500,00		
Aufwendungen Betriebsstoffe	95.700,00		
______	______	______	______
______	______	______	______

1. Welcher Buchungssatz wurde zum Abschluss des Kontos Aufwendungen für Fremdbauteile gebildet?

2. Bilde den Buchungssatz, der zum Abschluss des Kontos Umsatzerlöse für Fertigerzeugnisse nötig war.

3. Schließe das GUV-Konto ordnungsgemäß ab.

4. Hat die Firma Velo-Conrad Gewinn oder Verlust erwirtschaftet? Begründe deine Entscheidung.

____

____

5. Bilde den Buchungssatz für den Abschluss des Kontos GUV.

Aufgabe 18

Herr Holzmann hat dir zum Jahresabschluss noch zwei Aufgaben gegeben, die erledigt werden müssen. Er teilt dir mit, dass im zu Ende gehenden Geschäftsjahr die Summe der Erträge 896.370,00 € und die Summe der Aufwendungen 985.520,00 € betrugen.

1. Ermittle die Art und Höhe des Erfolgs der Firma Holzmann in diesem Geschäftsjahr.

Lösung:

2. Bilde den Buchungssatz für den Abschluss des Gewinn- und Verlustkontos.

Aufgabe 19

Trage die Begriffe **Gewinn** und **Verlust** in die farbigen Bereiche der GUV-Konten ein und ergänze dann den unten stehenden Lückentext.

S GUV	H
Aufwendungen	Erträge

S GUV	H
Aufwendungen	Erträge

Man erhält einen **Gewinn**, wenn der Saldo im Konto GUV im ____________________ steht.

Dann sind die Aufwendungen ____________________ als die Erträge. Einen **Verlust** erhält man,

wenn der Saldo im Konto GUV im _______________ steht. Dann sind die Aufwendungen

__________________________ als die Erträge.

Aufgabe 20

Berechne jeweils die fehlenden Werte und trage diese anschließend in die Tabelle ein.

	1.	2.	3.	4.
Aufwendungen (€)	870.000,00	585.000,00		1.210.000,00
Erträge (€)	1.230.000,00		1.480.500,00	
Gewinn (€)		273.400,00		
oder Verlust (€)			190.000,00	301.400,00

Lösung:

Aufgabe 21

Trage die Begriffe **Gewinn** und **Verlust** in die farbigen Bereiche der **Eigenkapitalkonten** ein und ergänze den unten stehenden Lückentext.

S	EK	H
Schlussbestand		Anfangsbestand

S	EK	H
Schlussbestand		Anfangsbestand

Ein **Gewinn** ________________ das Eigenkapital, er steht im Konto EK im ________________________

Dann ist der Anfangsbestand ___________________ als der Schlussbestand. Ein _____________ steht im Eigenkapitalkonto auf der _________-Seite. Er _______________________ das Eigenkapital. Hat ein Unternehmen Verlust gemacht, so ist der Anfangsbestand seines Eigenkapitals _____________________ als der Schlussbestand.

Aufgabe 22

Berechne jeweils die fehlenden Werte.

	1.	2.	3.	4.
EK_{AB} (€)	1.225.000,00		765.000,00	1.510.000,00
EK_{SB} (€)	1.200.000,00	2.380.760,00		
Gewinn (€)		980.000,00	973.400,00	
oder Verlust (€)				714.800,00

Lösung:

Aufgabe 23

Berechne jeweils die fehlenden Werte. Tipp: Überlege dir zunächst, ob Gewinn oder Verlust gemacht wurde.

	1.	2.	3.	4.
EK_{AB} (€)	1.225.000,00		933.800,00	1.570.440,00
EK_{SB} (€)		2.380.760,00	617.000,00	966.900,00
Aufwendungen (€)	878.900,00	429.340,00		1.065.990,00
Erträge (€)	1.105.000,00	880.743,00	1.279.000,00	
Gewinn (€)				
oder Verlust (€)				

Lösung:

1.3 Der Abschluss über das Schlussbilanzkonto

Aufgabe 24

Es liegt die nachfolgende Eröffnungsbilanz des Unternehmens Velo-Conrad e. K. vor. Bearbeite diese Aufgabe von der Eröffnung bis zum Abschluss.

Aktiva	Bilanz zum 01.01.20..		Passiva
Grundstücke	300.000,00 €	Eigenkapital	212.500,00 €
Fuhrpark	42.000,00 €	Langfr. Bankverbindl.	280.000,00 €
Maschinen	84.000,00 €	Verbindlichkeiten	96.000,00 €
Büromaschinen	5.700,00 €		
Forderungen	43.000,00 €		
Bank	110.000,00 €		
Kasse	3.800,00 €		
	588.500,00 €		588.500,00 €

1. Eröffne die Bestandskonten (siehe Seite 34 und Seite 35).

2. Bilde die Buchungssätze für die nachfolgenden zwei Geschäftsfälle.

2.1 Teilweise Tilgung eines langfristigen Kredits durch Banküberweisung 10.000,00 €.

2.2 Wir bezahlen eine Liefererrechnung in Höhe von 952,00 € bar.

3. Erstelle die Buchungssätze für die folgenden 5 Belege (Belege → siehe nächste Seite).

Buchungssätze:

1.

2.

3.

4.

5.

1

LOGOS
Computer Consultants

Logos - Computer Consultants - 80335 München

Firma
Velo-Conrad e. K.
Gewerbestraße 3
97074 Würzburg

Projektierung, Konzeption, Erstellung
von Hard- und Softwarelösungen
✆ 089 777 354 11

Rechnung

Nummer: 495345 vom 07.02.20..
Kunde: D16775
Auftrag: 220078 vom 31.01.20..
Lieferdatum: vom 07.02.20..

Pos.	Artikelnummer	Menge	Einzelpreis	Gesamtpreis
1	64070882 Computer Pentium 500 MHz, Monitor 17", Maus und Tastatur	5 Stck.	1.260,00	6.300,00

Kompetenz ist durch nichts zu ersetzen.
Ihr Ansprechpartner für EDV-Systemberatung!

Netto	USt. 19%	USt. 7%	Endbetrag (€)
6.300,00 €	**1.197,00 €**		**7.497,00**

Zahlungsziel 07.03.20.. ohne Abzüge
Steuer-Nr.: 490/501/34430 USt-ID-Nr. DE 444 877 334
Bankverbindung: Städtische Sparbank München
BIC LMNLDEGA11 - IBAN: DE01 7905 0033 0277 3556 00

2

Walter Automobil GmbH

Walter-Automobil GmbH, Seeweg 2, 97421 Schweinfurt

Firma
Velo-Conrad e. K.
Gewerbestraße 3
97074 Würzburg

Seeweg 2
97421 Schweinfurt
Tel: 09721 3300-11
Fax: 09721 3300-12
Bayerische Unionsbank Schweinfurt
BIC: BAYUDE5Y
IBAN: DE 78793212010003122446
E-Mail: kontakt@walterauto.de

Rechnung Nr. 29/20..

Datum: 07.03.20..

Amtl.Kennz.	Typ	Fahrgestell-Nr.	Auftragsdatum	km-Stand	Zul.-Datum
WÜ-Z 8324	24A	09876/435 X	28.02.20..	54	06.03.20..

LKW (netto)	*96.800,00 €*
+ Umsatzsteuer (19 %)	18.392,00 €
Rechnungsbetrag (brutto)	115.192,00 €

Vielen Dank für Ihren Auftrag und gute Fahrt!

Der Rechnungsbetrag ist zur Zahlung ohne Abzug fällig zum: sofort
Die gelieferte Ware bleibt bis zur vollständigen Bezahlung Eigentum des Lieferers.
Rechnungsdatum entspricht Lieferdatum
Steuernummer: 9/249/159/34915 - USt-ID-Nr DE248627939

3

Ferrum
GmbH

Metallgroßhandel

Ferrum GmbH, Walzstraße 4, 90453 Nürnberg

Velo-Conrad e. K.
Gewerbestraße 3

97074 Würzburg

Ferrum GmbH
90453 Nürnberg
Tel.: 0911 89887
Fax: 0911 898871
Kreditbank Nürnberg
E-Mail: ferrum@t-online.de

Rechnung NR.: 433-20..

Datum: 26. April 20..
Lieferung: 26. April 20..

Pos.	Menge	Leistung	Einzelpreis (€)	Gesamtpreis (€)
1	2Con	Stahlrohre	1.200,00	2.400,00
2	8Pack	Kleinteile, Schrauben, etc.	75,00	600,00
		Nettosumme		3.000,00
		19,00% Umsatzsteuer		570,00
		Gesamtsumme		**3.570,00**

Zahlbar sofort. Lieferung „frei Haus"
Die gelieferte Ware bleibt bis zur vollständigen Bezahlung Eigentum des Lieferers
Amtsgericht Nürnberg: HRA 2010 – Steuernummer: 438/471/72900 - USt-ID-Nr. DE463 987 666
IBAN DE01 7601 0001 0000 8833 55 BIC HGENDESR1

4

VELO
Conrad e. K.

VELO-CONRAD e. K., Gewerbestraße 3, 97074 Würzburg

Firma
MIRA Großhandels GmbH
Unter den Weiden 7

10719 Berlin

Gewerbestraße 3
97074 Würzburg
Tel.: 0931-88345
Fax: 0931-88346
Kreditbank Würzburg
BLZ 790 800 01
Kto.Nr. 680 333
E-Mail: velo@t-online.de

Rechnung NR.: 62/19

Datum: 20. Mai 20..

Pos.	Menge	Artikel	Einzelpreis (EUR)	Gesamtpreis (EUR)
1	5	Modell Tundra	1.250,00	6.250,00
2	5	Modell Amazonas	1.470,00	7.350,00
3	10	Modell K2	855,00	8.550,00
4	2	Modell Melbourne	690,00	1.380,00
5	4	Modell Stockholm (Sonderpreis)	617,50	2.470,00
		Nettosumme		26.000,00
		19,00% Umsatzsteuer		4.940,00
		Gesamtsumme		**30.940,00**

Zahlbar innerhalb von 30 Tagen rein netto. Lieferung „frei Haus"
Amtsgericht Würzburg: HRB 2008 – Steuernummer: 238/471/70500 – USt-ID-Nr. DE123 987 666
IBAN DE03 7908 0001 0000 6803 33 BIC HGENDEDA

5

Kreditbank Würzburg E-Mail: infokredit-wue@t-online.de
IBAN DE03 7908 0001 0000 6803 33 BIC HGENDEDA

Auszug/Jahr 45/20.. | Blatt-Nr. 1 von 1

Kontoauszug

Buchungstag	Wert	Vorgang	€-Konto
28.05.	28.05.	Gutschrift MIRA 62/19	30.940,00 H
28.05.	28.05.	Überweisung Logos 495345	7.497,00 S
28.05.	28.05.	Überweisung (Walter) 29/20	115.192,00 S
28.05.	28.05.	Bareinzahlung	800,00 H

Herrn/Frau/Firma
Velo-Conrad e. K.
Gewerbestraße 3
97074 Würzburg

Alter Kontostand 81.898,00 H
Neuer Kontostand 9.051,00 S

KONTO; KARTEN; KREDITE
WIR BERATEN SIE GERN

Letzte Erstellung: 16.05.20..
Erstellungstag: 28.05.20../10:54

4. Buche in den Konten und schließe diese anschließend ab.

Soll	BK	Haben

Soll	VE	Haben

Soll	KA	Haben

Soll	VORST	Haben

Soll	FO	Haben

Soll	LBKV	Haben

Soll	GR	Haben

Soll	MA	Haben

Soll	FP	Haben

Soll	BM	Haben

Soll	UEFE	Haben

Soll	UST	Haben

Soll	AWR	Haben

Soll	AWH	Haben

Soll	GUV	Haben

Soll	EK	Haben

Soll	Schlussbilanzkonto	Haben

Aufgabe 25

Am Jahresende liegen in der Schreinerei G. Holzmann unter anderem folgende Konten vor:

Soll	MA		Haben
AB	645.300,00	KA	3.500,00
VE	200.000,00		

Soll	EK		Haben
		AB	398.217,80

Soll	FP		Haben
AB	276.800,00	FO	54.600,00
VE	42.580,00		

Soll	LBKV		Haben
BK	20.000,00	AB	785.000,00
BK	20.000,00		

Soll	BK		Haben
AB	82.300,00	LBKV	20.000,00
FO	54.600,00	LBKV	20.000,00
FO	39.450,00	VE	31.353,00
FO	101.864,00	VE	33.439,00
FO	148.750,00	VE	238.000,00

Soll	VE		Haben
BK	31.353,00	AB	64.974,00
BK	33.439,00	MA, VORST	238.000,00
BK	238.000,00	FP, VORST	50.670,20

Soll	KA		Haben
AB	147,00	BGA, VORST	329,00
MA, VORST	3.500,00		

Soll	Haben

1. Schließe die Konten ordnungsgemäß ab.
2. Bilde die Buchungssätze für den Abschluss der Konten.

Fortsetzung Nr. 2

Aufgabe 26

In der Firma Velo Conrad liegt folgendes Konto vor:

Soll	Eigenkapital		Haben
		AB	1.225.200,00
		GUV (A)	168.800,00

1. Schließe das Konto ordnungsgemäß ab.
2. Welcher Buchungssatz liegt der Eintragung A zugrunde?
3. Hat Velo-Conrad in dem Geschäftsjahr einen Gewinn oder einen Verlust erwirtschaftet? Begründe deine Antwort.
4. Bilde den Buchungssatz für den Abschluss des Kontos Eigenkapital.

Aufgabe 27

In der Geschäftsbuchführung der Firma Velo-Conrad liegen zum 31.12.20.. auszugsweise folgende Kontensalden vor:

Konto	Kontenbezeichnung	Soll (€)	Haben (€)
MA	Maschinen und Anlagen		243.000,00
BM	Büromaschinen		4.800,00
BK	Bank		21.255,00
LBKV	Langfristige Bankverbindlichkeiten	457.500,00	
VE	Verbindlichkeiten	46.380,00	

Bilde die Buchungssätze für den Abschluss der Konten.

Aufgabe 28

Am 31.12. liegt folgende unvollständige Schlussbilanz vor.

Aktiva		Bilanz zum 31.12.20..	Passiva
Grundstücke	200.000,00 €	Eigenkapital	???
Fuhrpark	40.000,00 €	kurzfr. Bankverbindlichkeiten	103.000,00 €
Maschinen und Anlagen	50.000,00 €	Verbindlichkeiten	40.000,00 €
Büromaschinen	9.000,00 €		
Forderungen	10.000,00 €		
Bank	70.000,00 €		
Kasse	4.000,00 €		
	383.000,00 €		383.000,00 €

1. Berechne das Eigenkapital.

Lösung:

2. Am 1. Januar betrug das Eigenkapital 200.000,00 €. Ermittle den Unternehmenserfolg.

Lösung:

1.4 Industriekontenrahmen und Kontenplan

Aufgabe 29

Es ist soweit, der Kontenplan kommt zum Einsatz! Suche mithilfe deines Kontenplans die fehlenden Kontonummern, Abkürzungen und Kontenbezeichnungen. Übertrage diese anschließend in die Tabelle.

Kontonummer	Abkürzung	Bezeichnung
	FP	
4400		
		Eigenkapital
2400		
		Bank
	MA	
6000		

Aufgabe 30

Richtig oder Falsch? Umkreise in der jeweiligen Spalte den zutreffenden Buchstaben. Hast du alle Aussagen korrekt zugeordnet, ergibt sich ein Lösungswort. Sollte eine Aussage falsch sein, verbessere diese.

Aussage	richtig	falsch
Der Kontenrahmen ist nach dem tiradischen System aufgebaut.	A	K
Jedem Konto im Kontenplan ist eine dreistellige Kontonummer zugeordnet.	N	O
Der Kontenklasse 6 können „Betriebliche Aufwendungen“ zugeordnet werden.	N	F
Aufwandskonten werden in den Kontenklassen 0,1 und 2 dargestellt.	E	T
Der Kontenplan enthält alle Konten, die ein Unternehmen im Rahmen seiner Buchführung verwendet.	O	N

Lösungswort: ____________________

Aufgabe 31

Ordne die Begriffe den passenden Erklärungen zu, indem du diese mit einer Linie verbindest.

Kontenrahmen

Geben die ersten beiden Ziffern der Kontonummer an.

Gliederung des Kontenrahmens. Es gibt 10 Kontenklassen mit jeweils 10 Kontengruppen mit bis zu 10 Kontenarten und bis zu 10 Kontenunterarten.

Kontenplan

Ordnungssystem für alle Konten, die in einem Unternehmen in einem bestimmten Wirtschaftszweig (z.B. Industrie → Industriekontenrahmen) verwendet werden können.

Enthält die erforderlichen Konten für das betreffende Unternehmen.

Dezimalsystem

Kontengruppe

Aufgabe 32

Erstelle die Buchungssätze zu folgenden Geschäftsfällen, die im Unternehmen Holzmann anfallen. Verwende hierfür und in Zukunft den Kontenplan.

1. Einkauf von Eichenholz auf Ziel, netto 5.000,00 €.

2. Mit der Post kam die Rechnung des Heizöllieferers. Rechnungsbetrag brutto 1.785,00 €.

3. Kauf eines Lieferwagens in Höhe von 35.000,00 € netto. Zahlung per Banküberweisung.

4. Barverkauf von 4 Holzschränken à 500,00 € netto.

1.5 Ein FiBu-Programm (Vorkontierung, Grundbuch, Hauptbuch)

Aufgabe 33

Bilde zu den nachfolgenden Eintragungen im Vorkontierungsblatt den jeweils zugehörigen Buchungssatz.

	BA	Datum	Soll	Haben	BNR	Text	B/N	Betrag	UCo.
1.	B	22.03.20..	2880	2800	1			2.000,00	
2.	B	23.03.20..	0860	4400	2		N	1.500,00	V19
3.	B	23.03.20..	2400	5000	3		B	595,00	U19

1.

2.

3.

Nebenrechnungen:

Aufgabe 34

In der Firma G. Holzmann e. K. ereignen sich am 23.04.20.. neue Geschäftsfälle. Bilde die zugehörigen Buchungssätze und vervollständige anschließend das Vorkontierungsblatt.

1. Zieleinkauf von Türscharnieren im Wert von 570,00 € netto.
2. Kauf von Lampen für 273,70 € brutto gegen Quittung.
3. Bareinzahlung von 1.200,00 € auf unser Bankkonto.

Buchungssätze:

1.
2.
3.

	BA	Datum	Soll	Haben	BNR	Text	B/N	Betrag	UCo.
1.									
2.									
3.									

Nebenrechnungen:

2. Beschaffung und Absatz

Merkpunkte

- Beschaffung = Einkauf, Absatz = Verkauf, Marketing (Werbung)
- Schema - Kalkulation bei der **Beschaffung** von Werkstoffen (**Einkaufskalkulation**)

	%	%	Erklärung
Listeneinkaufspreis (ListenEP)	100		Steht in der Preisliste des Lieferers
- **Liefererrabatt** (L-Rabatt)	x		
Zieleinkaufspreis (ZielEP)	100 -x	100	Wird als Verbindlichkeit gebucht (Zieleinkauf)
- **Lieferskonto** (L-Skonto)		x	
Bareinkaufspreis (BarEP)		100 -x	Nettopreis der Ware nach Skontoabzug
+ **Bezugskosten** (BZK)			
Einstandspreis (EP)			Nettopreis der Ware einschließlich der Bezugskosten

In einer Kalkulation stehen immer **NETTO-WERTE!**

Die **Pfeile** weisen auf die jeweiligen **Grundwerte** hin

- Beim Vergleich von Angeboten für den Einkauf von Werkstoffen solltest du auf folgende Kriterien achten:
  - **Preis** (Einstandspreis), nach wie vor das wichtigste Entscheidungskriterium
  - **Lieferbedingungen** („frei Haus", „ab Werk")
  - **Zahlungsbedingungen** (Skonto, Zahlung auf Ziel, Sofortrabatte)
  - **Zuverlässigkeit** des Lieferers
  - **Qualität** der Ware
  - Bisherige **Geschäftsbeziehungen** zu dem Lieferer
  - **Räumliche** Nähe
  - **Lieferzeit**

- Es gibt folgende **Lieferbedingungen**

  „ab Werk": Alle Versandkosten trägt ausschließlich der **Käufer**

  „frei Haus": Alle Versandkosten trägt ausschließlich der **Verkäufer**

- Es gibt folgende **Zahlungsbedingungen**

  Ohne Skontoabzug - „rein netto": Hier muss der Käufer den vollen Rechnungsbetrag ohne Abzug bezahlen → sofort oder innerhalb eines bestimmten Zeitraums (auf Ziel, z. B. 30 Tage).

  Mit Skontoabzug - „Zahlung innerhalb von … Tagen unter Abzug von …% Skonto": Hier darf bei Zahlung innerhalb einer bestimmten Frist ein bestimmter Prozentsatz vom Rechnungsbetrag abgezogen werden (weitere Informationen siehe nächste Seite).

  Weitere mögliche Zahlungsbedingen sind: **Vorkasse** (Käufer zahlt zuerst, danach wird die Ware geliefert), **Zahlung in Raten** (Der Käufer hat die Möglichkeit den Rechnungsbetrag in gleichbleibenden Raten innerhalb einer bestimmten Zeit (z. B. 6 Monate) zurückzuzahlen).

- **Bezugskosten**
  - Bei der Beschaffung von Werkstoffen können für das Unternehmen Nebenkosten (Bezugskosten) anfallen.
  - Beispiele: Porto (Brief oder Paket), Frachtkosten (Gütertransport per Bahn, Schiff oder Flugzeug), Verpackung, Zoll (Kosten für den Import von Gütern aus dem Ausland), Transportversicherung (Absicherung bei Beschädigung oder Verlust der Güter)
  - Durch die Bezugskosten erhöht sich der Einstandspreis (siehe Kalkulation)

- Bezugskosten werden auf eigenen Konten im Soll erfasst:
  Rohstoffe: 6001 BZKR (Bezugskosten für Rohstoffe)
  Fremdbauteile: 6011 BZKF (Bezugskosten für Fremdbauteile)
  Hilfsstoffe: 6021 BZKH (Bezugskosten für Hilfsstoffe)
  Betriebsstoffe: 6031 BZKB (Bezugskosten für Betriebsstoffe)
  → Es handelt sich bei diesen Konten um sogenannte Unterkonten, die über ihr jeweiliges Hauptkonto abgeschlossen werden.

❍ Skonto

- nachträglicher Preisnachlass
- wird nachträglich gewährt, wenn der Kunde bzw. Käufer innerhalb eines bestimmten Zeitraums zahlt → Vorteile für **Lieferer** (Er erhält sein Geld vom Kunden schneller, da dieser früher zahlt) und für den **Kunden** (Er erhält einen Preisnachlass und muss somit weniger zahlen)
- Beispiel: „Die Rechnung ist fällig am 15.04.20.., bei Zahlung bis zum 01.04.20.. gewähren wir 3 % Skonto." → Der ursprüngliche Rechnungsbetrag reduziert sich um den Skontobetrag in €.

Berechnung - Beispiel:

Rechnungsbetrag	5.950,00 €	(Rechnungsbetrag)
- Skonto 3 %	178,50 €	(nachträgl. Preisnachlass)
Banküberweisung	5.771,50 €	(zu zahlender Betrag am 01.04)

❍ Schema - Kalkulation beim **Verkauf** von Fertigerzeugnissen (**Verkaufskalkulation**):

	%	%	Erklärung
Selbstkostenpreis (SKP)	100		Kosten, die für die Produktion beim Hersteller anfallen
+ Gewinn	x		Gewinn, den der Hersteller/Unternehmer erzielen möchte
Barverkaufspreis (BarVP)	100 +x	100 -x	
+ Kundenskonto (K-Skonto)		x	Kann beim Verkauf bei Zahlung innerhalb einer Frist gewährt werden
Zielverkaufspreis (ZielVP)	100-x	100	
+ Kundenrabatt (K-Rabatt)	x		Sofortrabatte: Mengenrabatt, Treuerabatt, Wiederverkäuferrabatt
Listenverkaufspreis (LVP)	100		Preis, der nach Abzug von Preisnachlässen anfällt

In einer Kalkulation stehen immer **NETTO-WERTE!**

Die **Pfeile** weisen auf die jeweiligen **Grundwerte** hin

❍ Differenzkalkulation

- Hier sind der Selbstkostenpreis und Listenverkaufspreis bekannt, und die fehlenden Werte (z.B. Gewinn in € und %) müssen berechnet werden. Man beginnt sozusagen von unten und von oben aus zu rechnen.

	%	%
Selbstkostenpreis	100	
+ Gewinn		
Barverkaufspreis	100+x	100-x
+ Kundenskonto		x
Zielverkaufspreis	100-x	100
+ Kundenrabatt	x	
Listenverkaufspreis	100	

Rücksendungen

- Kommen durch falsche oder mangelhaft erfolgte Lieferungen zustande
- Auch Leihverpackungen, die der Lieferer uns berechnet oder wir unserem Kunden in Rechnung stellen, können zurückgesendet werden
- Führen zu einer Korrekturbuchung, da die Lieferung zurückgesendet wurde → Umkehrung der Einkaufs- oder Verkaufsbuchung → Berichtigung der Vorsteuer im Haben (Rücksendung beim Einkauf), Berichtigung der Umsatzsteuer im Soll (Rücksendung beim Verkauf)

- **Einkauf - Rücksendung**

Geschäftsfall: Zielkauf von Rohstoffen, 5.000,00 € netto.

Buchungssatz - Zielkauf

6000 AWR	5.000,00 €			
2600 VORST	950,00 €	an	4400 VE	5.950,00 €

Geschäftsfall: Die Rohstofflieferung war fehlerhaft, daher senden wir diese an den Lieferer zurück.

Buchungssatz - Rücksendung (Umkehrung der Einkaufsbuchung → Korrekturbuchung)

4400 VE	5.950,00 €	an	6000 AWR	5.000,00 €
			2600 VORST	950,00 €

- **Verkauf - Rücksendung**

Geschäftsfall: Zielverkauf von Fertigerzeugnissen, 10.000,00 € netto.

Buchungssatz- Zielverkauf

2400 FO	11.900,00 €	an	5000 UEFE	10.000,00 €
			4800 UST	1.900,00 €

Geschäftsfall: Der Kunde sendet aufgrund einer fehlerhaften Lieferung die Fertigerzeugnisse an uns zurück, 10.000,00 netto.

Buchungssatz - Rücksendung (Umkehrung der Verkaufsbuchung - Korrekturbuchung)

5000 UEFE	10.000,00 €			
4800 UST	1.900,00 €	an	2400 FO	11.900,00 €

Preispolitik

- Teilbereich des Marketings in einem Unternehmen
- Es geht hierbei um die Festlegung von Preisen → diese sollen so festgelegt werden, dass möglichst viele Kunden das Produkt kaufen
- Im Rahmen der Preispolitik gibt es unter anderem die Instrumente der Preisdifferenzierung und der Preisstrategien

Möglichkeiten der Preispolitik

Preisdifferenzierung

Preisstrategien

- Preisdifferenzierung = Für identische Sach- und Dienstleistungen werden unterschiedliche Preise verlangt

Arten der Preisdifferenzierung			
Räumliche Preisdifferenzierung	**Zeitliche Preisdifferenzierung**	**Preisdifferenzierung nach der Menge**	**Personelle Preisdifferenzierung**
An verschiedenen Orten werden verschiedene Preise verlangt	Zu unterschiedlichen Zeiten werden unterschiedliche Preise verlangt	Unterschiedliche Preise für unterschiedliche Produktmengen	Unterschiedliche Preise für unterschiedliche Personengruppen
Beispiele: Benzinpreise an Autobahntankstellen sind höher, Gängiges Produkt im Inland wird im Ausland zu einem höheren Preis verkauft	**Beispiele**: Happy Hour (Gastronomie), Frühbucherrabatt (Urlaub), Last-Minute (Urlaub), Preise in der Vor-, Haupt- und Nachsaison, Nachtstrom, Sommerpreise für Winterartikel	**Beispiele**: Mengenrabatt, „Kaufe drei, zahle zwei“	**Beispiele**: Alter (Kinderpreise, Seniorenpreise), Geschlecht (verschiedene Tarife bei Versicherungen), Ausbildung/Beruf/Tätigkeit: Schüler- und Studentenrabatt

- Preisstrategien = Festlegung, zu welchem Preis das Produkt auf dem Markt angeboten wird

Arten der Preisstrategie				
Hochpreis-strategie	**Niedrigpreis-**strategie	**Skimmingpreis-**strategie	**Dumpingpreis-**strategie	**Schwellenpreis-**strategie
Dauerhaft hohes Preisniveau → vor allem bei Produkten mit hohem Ansehen und hoher Qualität	Preis bewegt sich am unteren Rand der Angebotspalette → kommt zum Einsatz auf Massenmärkten mit hoher Konkurrenz	Hoher Preis bei Markteinführung, sinkt die Nachfrage wird der Preis langsam gesenkt	Niedriger Preis bei Markteinführung, welcher, sobald das Produkt viele Käufer hat, nach und nach erhöht wird	Der Preis soll kleiner wirken und somit das Kaufverhalten beeinflussen, 0,99 € statt 1,00 €
Beispiele: Luxusgüter (Designermode, hochpreisige Autos)	**Beispiele:** Lebensmittel, Klein- und Mittelklassewagen, Kleidung	**Beispiele:** Technische Artikel bei Markteinführung (Smartphones, Fernseher, Tablet, PC)	**Beispiele:** Zeitschriften bei Markteinführung	**Beispiele:** Produkte für den täglichen Bedarf

2.1 Die Einkaufskalkulation

Aufgabe 35

Das Unternehmen Holzmann e. K. benötigt für die Produktion neuer Kleidungsschränke Türgriffe und hat hierfür zwei Angebote erhalten. Bestimme anhand der Einkaufskalkulation den jeweiligen Einstandspreis. Entscheide dich anschließend für ein Angebot und begründe deine Entscheidung. Wir möchten 1500 Türgriffe einkaufen und zahlen sofort.

Angebot 1

Name: „Türauf“ GmbH
Str.: Hamburger Straße 2
Ort: Hannover

ListenEP/Stück	45,00 EUR
Bezugskosten/Stück	4,50 EUR

Wir gewähren 10 % Rabatt und 2 % Skonto bei Zahlung innerhalb von 8 Tagen.

Angebot 2

Name: „Türzu“ OHG
Str.: Königstraße 120
Ort: Nürnberg

ListenEP/10 Stück	525,00 EUR

Ab 1450 Stück gewähren wir 12,5 % Rabatt. 3 % Skonto bei sofortiger Zahlung. Lieferung „frei Haus“.

Lösung:

Begründung: ______________________________

____

Was könnte uns dazu bewegen, das teurere Angebot anzunehmen? Entscheide dich für zwei Möglichkeiten und erläutere diese.

____

____

____

____

Aufgaben 36

Folgende Zahlen liegen bei der Firma Holzmann e. K. vor. Berechne den jeweiligen Listeneinkaufspreis und Einstandspreis unter Anwendung des Kalkulationsschemas.

1. 10 % Rabatt, Bareinkaufspreis 2.302,02 EUR und 2 % Skonto, 150,00 € Bezugskosten,
2. 7 % Rabatt, Bareinkaufspreis 848,75 EUR und 3 % Skonto, 95,00 € Bezugskosten,
3. 5 % Rabatt, Bareinkaufspreis 1.548,69 EUR und 2,5 % Skonto, keine Bezugskosten

Lösung:

Aufgabe 37

Das Unternehmen Velo-Conrad e. K. hat verschiedene Angebote erhalten. Leider ist deiner Kollegin in der Buchhaltung ein Missgeschick passiert, sie hat die Angebote weggeworfen. An einige Zahlen konnte sie sich zum Glück noch erinnern.

1. Hilf ihr, die restlichen Beträge und Prozentsätze zu berechnen und fülle die Kalkulationen vollständig aus. Achte dabei auch auf die Prozentspalten.

	Stahl (8 Tonnen)			Fahrradlenker (100 Stk.)			Fahrradsattel (100 Stk.)		
	€	%	%	€	%	%	€	%	%
ListenEP	4.500,00								
- L-Rabatt		10			20		91,00		
ZielEP				2.600,00					
- L-Skonto			3			2	24,18		2
BarEP									
+ Bezugskosten	0,00			18,70			0,00		
Einstandspreis									

Nebenrechnungen:

2. Wir haben ein besseres Angebot für Fahrradlenker erhalten. Erstelle den Buchungssatz für den Zielkauf von 100 Fahrradlenkern, Stückpreis netto 24,00 €.

Aufgabe 38

Für die Fertigung von Betten der Produktlinie „Exklusiv“ werden baldmöglichst 200 m² Massivholzplatten in Eiche benötigt. Der Firma Holzmann liegen hierzu zwei Angebote mit folgenden Liefer- und Zahlungsbedingungen vor. Herr Holzmann hat dir die Bearbeitung folgender Aufgaben übertragen.

Massivholzplatte Eiche geölt	Unternehmen **Reinhold Holzer aus Würzburg**	Unternehmen **Helmut Fellhauer aus Passau**
Listenpreis je m²	39,00 €	40,00 €
Mengenrabatt	ab 100 m² 15,00 %	ab 50 m² 5 % ab 100 m² 17,50 % ab 500 m² 25 %
Lieferbedingungen	Fracht 150,00 €	Lieferung frei Haus
Zahlungsbedingungen	45 Tage ohne Abzug	10 Tage 3 % Skonto, 30 Tage rein netto

1. Der Einstandspreis in Höhe von 6.780,00 € für das Angebot des Unternehmens Reinhold Holzer hat deine Kollegin für dich berechnet. Ermittle den Einstandspreis für das Angebot des Unternehmens Helmut Fellhauer.

Lösung:

Listeneinkaufspreis	8.000,00€	100%	
– Lieferrabatt	1.400,00€	17,5%	
= Zieleinkaufspreis	6.600,00€	82,5%	100%
– Lieferskonto	198,00€		3%
= Bareinkaufspreis	6.402,00€		97%
+ Bezugskosten	0,00€		
= Einstandspreis	6.402,00€	+ USt 19% 1.216,38€ *1	

2. Die Lieferung des Unternehmens Helmut Fellhauer erfolgt laut Angebot „frei Haus“. Gib eine Bezeichnung für die Lieferbedingung des Unternehmens Reinhold Holzer an.

„ab Werk“

3. Du stellst Herrn Holzmann deine Ergebnisse zu den beiden vorliegenden Angeboten vor. Er möchte, dass du beim preisgünstigeren Anbieter die benötigte Ware für die Betten der Produktlinie „Exklusiv“ bestellst. Bilde den Buchungssatz für die Eingangsrechnung des gewählten Anbieters.

6000 AWR	6.402,00€	an	4400 VE	7.618,38€
2600 VORST	1.216,38€			

4. Die Fa. Reinhold Holzer ist wie die Fa. Holzmann in Würzburg ansässig. Welcher Grund könnte aus umwelttechnischen Aspekten dafürsprechen, dass wir das Angebot der Fa. Holzer annehmen?

Die Transportwege sind kürzer, daher wird kaum Treibstoff benötigt. Kurze Transportwege sind somit umweltfreundlicher.

*1 = 7.618,38€

Aufgabe 39

Der Firma Holzmann e. K. liegt folgender Beleg vor. Analysiere diesen und bearbeite folgende Aufgaben.

Brandner KG

Hölzer und Furniere

Brandner KG, Alpenstraße 9, 87435 Kempten

Firma
Fa. Holzmann e. K.
Gewerbestraße 2
97074 Würzburg

Tel: 0831 7744-01
Fax: 0831 7744-11
E-Mail: brandnerkg@t-online.de

Rechnung

Lieferung:	Rechnungs-Nr.	Kunden-Nr.	Datum
16.04.20..	123/20..	MA/31	16.04.20..

Pos.	Artikelbezeichnung	Menge	Einzel €	Gesamt €
1	Fichtenholz	60 m^3	17,80	1.068,00
2	Lärchenholz	40 m^3	23,60	944,00
3	Kiefernholz	120 m^3	14,10	1.692,00

Gesamtsumme netto:	3.704,00
Umsatzsteuer 19,00 %:	703,76
Gesamtsumme brutto:	**4.407,76**

Zahlungsbedingungen: 8 Tage 2 % Skonto / 30 Tage rein netto. Lieferung „frei Haus“
Bankverbindung: Optibank Kempten
IBAN DE43 7305 0002 0000 0022 44 BIC HGFDDEER
Steuernummer: 100/654/33999 USt.-ID.-Nr. DE847744491

1. Welche Lieferbedingung ist lt. Beleg vereinbart? Erkläre diese.

Die Lieferung ist „frei Haus“.

2. Gib die Zahlungsbedingungen an, die zwischen der Firma Brandner KG und der Firma Holzmann e. K. vereinbart worden sind.

8 Tage 2% Skonto / 30 Tage rein netto

3. Zeige auf, welches Ziel die Firma Brandner KG verfolgt, indem diese einen Skonto gewährt.

Je früher man bezahlt, desto billiger wird der Preis.
Man bekommt Prozente.

2.2 Bezugskosten

Aufgabe 40

Dir sind Beispiele für Bezugskosten und der dazu passende Begriff als Buchstabensalat angegeben. Löse den Buchstabensalat und verbinde den richtigen Begriff anschließend mit der passenden Abbildung.

VSHUNNPTTRARRSERCIEOG
Transportversicherung

PKNVRCAGUE
Verpackung

LOLZ
Zoll

ORTOP
Porto

HTRAFC
Fracht

Aufgabe 41

Herr Holzmann möchte alle Beispiele für Bezugskosten auflisten, die in der letzten Woche beim Einkauf von Werkstoffen angefallen sind. Hilf ihm, indem du zu den jeweiligen Beschreibungen die passenden Bezugskosten notierst.

1. Das Unternehmen Holzmann kauft Teakholz in Thailand ein. Für die Einfuhrkosten muss Herr Holzmann mit 534,00 EUR rechnen. → Zoll
2. Für die Lieferung von kleinen Glasscheiben für die neue Kleiderschranklinie „Hygge" fallen extra Kosten für bestimmte Folien an, damit die Glasscheiben geschützt sind. → Verpackung
3. Herr Holzmann ist immer besorgt, dass während des Transports der gekauften Werkstoffe ein Unglück passieren könnte. Daher kontaktiert er die Versicherungs-AG „Safety" und schließt einen Vertrag mit diesen ab. Die Kosten hierfür belaufen sich auf 1.330,00 €. → Transportversicherung
4. Damit gekaufte Türgriffe an uns geliefert werden können, fallen für die Lieferung per Paketdienst 150,00 EUR an. → Porto
5. Bei einer im Spessart ansässigen Firma hat das Unternehmen Holzmann 10 t Fichtenholz bestellt. Diese werden per Bahn transportiert. → Fracht

Aufgabe 42

Erstelle die Buchungssätze beim Unternehmen Holzmann e. K. für folgende Geschäftsfälle.

1. Einkauf von Kieferbrettern auf Ziel, netto 2.500,00 €. Zusätzlich werden uns 35,00 € netto Verpackung berechnet.

6000 AWR 2.500,00€ an 4400 VE 3.016,65€
6001 BZKR 35,00€
2600 VORST 481,65€

2. Einem Spediteur, der uns Fenstergriffe lieferte, bezahlen wir bar brutto 595,00 €.

6011 BZKF 500,00€ an 2880 KA 595,00€
2600 VORST 95,00€

3. Wir kaufen Nägel und Schrauben auf Ziel, Listenpreis 400,00 €, berechnete Transportkosten brutto 23,80 €.

6020 AWH 400,00€
6021 BZKH 20,00€
2600 VORST 79,80€ an 4400 VE 499,80€

4. Mit der Post kam heute die Rechnung des Glaslieferanten. Der Rechnungsbetrag beträgt 232,05 €, enthaltene Paketgebühren netto 25,00 €.

6010 AWR 170,00€
6011 BZKR 25,00€
2600 VORST 37,05€ an 4400 VE 232,05€

5. Die Speditionsrechnung für eine Heizöllieferung trifft ein. Sie beträgt 95,20 € brutto.

6031 BZKB 80,00€ an 4400 VE 95,20€
2600 VORST 15,20€

Nebenrechnungen:

2.3 Die Verkaufskalkulation

Aufgabe 43

Herr Holzmann hat vom langjährigen Kunden Vintage Möbel eine E-Mail erhalten. Bearbeite dazu die folgende Aufgabe.

Von: bestellung@vintage-moebel.de	14.12.20.. um 14.36 Uhr
An: bestellung@holzmann.de	
Betreff: Bestellung	

Sehr geehrter Herr Holzmann,
wir überlegen, 10 Esstische aus qualitativ hochwertigem Eichenholz der Linie „Vintage-Line“ bei Ihnen zu bestellen, Artikelnummer lt. Homepage: TEX-100.

Bitte unterbreiten Sie uns hierzu ein Angebot.

Mit freundlichen Grüßen

i.A. *Tatjana Engel, Sekretariat*

Vintage Möbel GmbH
Goldbacher Straße 9
95444 Bayreuth
www.vintage-moebel95444.de

Herr Holzmann überlegt:

„Für den Esstisch „Vintage-Line“ in der Größe 200 x 70 x 100 cm benötige ich für die Herstellung verschiedene Materialien. Zudem müssen die Arbeiter und vieles andere, wie z. B. der Strom bezahlt werden. Alles in allem belaufen sich die Selbstkosten für die Herstellung eines Esstisches laut meiner Berechnungen auf 240,00 EUR. Außerdem möchte ich einen Gewinn von 30 % erzielen, da ich jeden Tag wegen der vielen Arbeit erst spät abends nach Hause komme und auch meine Familie ernähren muss. Ich denke, die Firma Vintage Möbel GmbH erwartet auch einen Treuerabatt von 20 %, da sie in der letzten Zeit viel bei mir eingekauft hat. Zudem werde ich dem Kunden einen Skonto von 3 % in Aussicht stellen, damit dieser schneller zahlt.“

1. Erläutere den Begriff Selbstkosten.

   Dabei handelt es sich um Kosten, die für die Herstellung eines Produkts anfallen.

2. Aus welchen Einzelpositionen könnte sich der Preis von 240,00 EUR zusammensetzen? Zähle vier Beispiele auf.

   Materialien, Löhne / Gehälter, Strom, Miete
   Personalkosten

3. Herr Holzmann möchte einen Gewinn erzielen. Zeige auf, warum ihm dies wichtig ist.

   Es handelt sich dabei um den Lohn von Herr Holzmann für seine Arbeit sowie sein unternehmerisches Risiko.

4. Nenne zwei Gründe, die Herrn Holzmann veranlassen könnten, einen Kundenrabatt zu gewähren.

   Der Kunde kauft eine bestimmte Menge (Mengenrabatt) oder es handelt sich um einen Kunden, der häufig im Unternehmen einkauft (Treuerabatt)

5. Hilf Herrn Holzmann und erstelle auf Grundlage der genannten Zahlen eine Angebotskalkulation und berechne den Listenverkaufspreis.

Lösung:

Selbstkostenpreis	2.400,00 €	100%		
+ Gewinn	720,00 €	30%		
= Barverkaufspreis	3.120,00 €	130%	97%	
+ Kundenskonto	96,50 €		3%	
= Zielverkaufspreis	3.216,50 €		100%	80%
+ Kundenrabatt	804,13 €			20%
= Listenverkaufspreis	4.020,63 €			100%

Aufgabe 44

Die Firma Velo-Conrad e. K. möchte neue Fahrradmodelle auf den Markt bringen. Bevor diese verkauft werden können, müssen für beide Modelle die Verkaufspreise berechnet werden. Herr Conrad vertraut dir diese verantwortungsvolle Aufgabe an. Arbeite mit folgenden Zahlen und berechne den jeweiligen Listenverkaufspreis in der vorbereiteten Tabelle unter Anwendung des Kalkulationsschemas (verwende Abkürzungen).

	E-Bike „Mountainclimber“	E-Bike „City“
Selbstkostenpreis (EUR)	840,00	891,50
Gewinn (%)	10	25
Kundenskonto (%)	3	2
Kundenrabatt (%)	15	12,5

	Mountainclimber			City		
	€	%	%	€	%	%

Aufgabe 45

Die Bäckerei „Knackig e. K." erkundigt sich nach dem Preis für eine neue Ladentheke. Zwischen zwei wichtigen Kundengesprächen gibt Herr Holzmann dir kurz folgende Informationen dazu:

„Für diese Ladentheke mit diesen Maßen brauchen wir Holz im Wert von 320,00 €, dazu Kleinmaterial wie Schrauben und Leim im Wert von 30,00 €. Dann haben wir an der Theke aber noch nichts verdient! Na ja, Bäckerei Knackig ist ja schon länger Kunde bei uns, da müssen wir einen Treuerabatt in Höhe von 10 % nein besser 15 % einkalkulieren. Und sie zahlen schnell, also denke auch daran, 2 % Skonto aufzuschlagen. Na, hoffentlich reicht das dann noch für die 25 % Gewinn, die ich mir so vorstelle. Ich will ja keinesfalls Verlust machen. Ach, hast du auch die Löhne für die Fertigungsabteilung notiert? Nein? Dann schreibe mal noch 400,00 € dazu. Hast du alles? Dann berechne nun bitte den Listenverkaufspreis für unser Angebotsschreiben! Ach so, der Kunde möchte nicht mehr als 900,00 € für die Ladentheke zahlen."

1. Erstelle anhand der dir vorliegenden Fakten das Kalkulationsschema und berechne den Listenverkaufspreis. Denke an die Prozentspalten!

Lösung:

2. Herr Holzmann überlegt, was er unternehmen könnte, um den Wunschpreis des Kunden bei der Kalkulation des LVP zu erzielen. Zeige zwei Möglichkeiten auf.

3. Der Kunde kauft die Ladentheke zum kalkulierten Listenverkaufspreis zzgl. 19 % Umsatzsteuer. Herr Holzmann gewährt 15 % Treuerabatt. Erstelle den Buchungssatz für den Zielverkauf.

4. Der Kunde zahlt die Ladentheke per Banküberweisung (siehe Nr. 3). Bilde den Buchungssatz.

Aufgabe 46

Das Unternehmen Velo-Conrad möchte ein neues Fahrrad „Citycruiser“ in der kommenden Saison anbieten. Dein Kollege hat hierfür die Preisplanung übernommen. Leider hat dieser kurzfristig gekündigt und nun musst du deinem Chef die Kalkulation für das Fahrrad vorstellen. Dein Kollege war so nett und hat dir die Zahlen und Begriffe der Verkaufskalkulation übergeben. Leider ist dabei sehr viel durcheinandergeraten und der Wert für den Kundenrabatt in Prozent fehlt. Erstelle die Kalkulation, indem du die Preise und Begriffe im vorliegenden Kalkulationsschema korrekt einfügst. Berechne anschließend den Kundenrabatt in %.

	Fahrrad „Citycruiser“		
	€	**%**	**%**
		?	

375,00 €

Gewinn

25 %

Selbstkostenpreis

2 %

1.666,00 €

Kundenrabatt

2.082,50 €

Kundenskonto

42,50 €

Zielverkaufspreis

2.125,00 €

Listenverkaufspreis

416,50 €

2.500,00 €

Barverkaufspreis

Lösung:

2.4 Die Differenzkalkulation

Aufgabe 47

Velo-Conrad möchte seinem Kunden BIKES-4-U ein Trekkingrad zu folgenden Konditionen anbieten:

- Selbstkostenpreis	624,75 €
- Gewinn	20 %
- Kundenskonto	2 %
- Listenverkaufspreis	850,00 €

Berechne, welchen Kundenrabatt (in € und %) das Unternehmen Velo-Conrad kalkulieren muss. Achte bei der Berechnung auf das korrekte Kalkulationsschema.

Lösung:

Aufgabe 48

Im Unternehmen Holzmann e. K. sind etliche Kollegen im Urlaub. Daher musst du ein Angebot für einen Kunden aus Baden-Württemberg erstellen, der für seine Metzgerei ein modernes Vollholzregal benötigt. Herr Holzmann hat sich während eines Kundengesprächs mit dem Metzger handschriftlich Notizen gemacht. Nun möchte er wissen, wie hoch sein Gewinn (in € und %) ausfallen wird. Dies ist nun deine Aufgabe.

Angebot Regal	
Selbstkostenpreis	5.000,00 €
Gewinn	???
Kundenskonto	2 %
Kundenrabatt	15 %
Listenverkaufspreis	7.500,00 €

1. Berechne die gesuchten Größen unter Anwendung des Kalkulationsschemas.

Lösung:

2. Der Kunde aus Baden-Württemberg möchte das Regal zum kalkulierten Listenverkaufspreis (zzgl. USt) kaufen. Erstelle hierfür den Buchungssatz, der Kunde zahlt bar.

Aufgabe 49

Das Unternehmen Holzmöbel-Schiller e. K. ist ein langjähriger Kunde von uns. Aus diesem Grund fordert dieses Unternehmen für den Kauf von Kleidungsschränken der Linie „Basic“ von der Firma Holzmann e. K. einen Rabatt in Höhe von 20 %. Da Herr Holzmann den Kunden nicht verlieren und seinen Gewinn (bisher 22,5 %) allerdings ungerne schmälern möchte, beauftragt er dich zu berechnen, ob er der Forderung des Kunden Holzmöbel-Schiller nachkommen kann. Weitere Informationen liegen dir vor:
Selbstkostenpreis 1.200,00 €, Kundenskonto 3 %, Listenverkaufspreis 1.800,00 €.

	Kleiderschrank „Basic“		
	€	%	%

Nebenrechnung:

Antwort: ______________________________

____

____

2.5 Rücksendungen

Aufgabe 50

Bilde die Buchungssätze zu folgenden Geschäftsfällen bei Velo-Conrad.

1. Wir kaufen 10 Fahrradlenker für die Produktion unserer E-Bike-Linie „Mountainclimber" zu je 25,00 € netto auf Ziel.

2. Die Fahrradlenker aus Nr. 1 wurden leider in einer falschen Farbe geliefert. Wir senden diese komplett zurück und erhalten eine Gutschrift.

3. Für eine zurückgesandte Leihverpackung im Wert von netto 900,00 € schreibt uns der Lieferant für Lacke 70 % gut.

4. Rücksendung von Maschinenöl an den Betriebsstofflieferanten. Von den ursprünglich dafür bezahlten 85,00 € netto werden uns 75 % gutgeschrieben.

5. Wir erhalten von unserem Lieferanten für Fahrradsättel eine Gutschrift, da er diese in Echtleder statt Kunstleder geliefert hat. Wir senden diese zurück, Rechnungsbetrag 952,00 €.

Nebenrechnung:

Aufgabe 51

Betrachte die folgenden Belege, Geschäftsfälle und Informationsschreiben. Bearbeite die Aufgaben aus Sicht des Unternehmens Holzmann e. K..

1. Erstelle den Buchungssatz zu folgendem Beleg am 13.12.20..

Holzmann
e. K.

Schreinerei, Fensterbau & Einrichtungen nach Maß

G. Holzmann e. K. · Gewerbestraße 2 · 97074 Würzburg

Möbelhaus
Wohnen & Leben GmbH
Frankfurter Landstraße 100 - 110
80995 München

Gewerbestraße 2
97074 Würzburg
Tel.: 0931 88543
Fax: 0931 885431
info@holzmann.com
www.holzmann.com

Rechnung Nr.: 2020/123

Datum: 13.12.20..
Lieferung: 13.12.20..

Pos.	Menge	Leistung	Einzelpreis (in EUR)	Gesamtpreis (in EUR)
1	15	Kleiderschrank „Roto“	450,00	**6.750,00**
		Nettosumme		6.750,00
		19,00 % USt		1.282,50
		Gesamtsumme		**8.032,50**

Zahlbar innerhalb von 10 Tagen rein netto. Lieferung „frei Haus“
Die gelieferte Ware bleibt bis zur vollständigen Bezahlung Eigentum des Lieferers
Amtsgericht Würzburg: HRA 2008 – Steuernummer: 238/471/70500 - USt-ID-Nr. DE123 987 666
IBAN DE02 7908 0001 0000 1543 31 BIC HGENDEDA

2400 FO 8.032,50€ an 5000UEFE 6.750,00€
4800UST 1.282,50€

2. Am 22.12.20.. erreicht unsere Reklamationsabteilung folgende E-Mail der Firma Möbelhaus Wohnen & Leben GmbH aus München (siehe Beleg Nr. 1). Bilde den Buchungssatz.

Von: info@vintage-moebel.de — 14.12.20.. um 14.36 Uhr
An: reklamation@holzmann.de
Betreff: Reklamation Rechnungsnummer 2020/123 vom 13.12.20..

Sehr geehrte Damen und Herren,

leider wurden uns statt der bestellten 15 Kleiderschränke „Roto“ nur 5 Stück der Serie „Roto“ geliefert. Die anderen 10 Schränke gehören zur Produktlinie „Zizy“. Wir senden diese zurück und bitten um eine entsprechende Gutschrift.

Mit freundlichen Grüßen

i.A. Robert Schmittchen

Möbelhaus Wohnen & Leben GmbH
Frankfurter Landstraße 100 - 110
80995 München

5000 UEFE 4.500,00€	an	2400 FO 5.355,00€	
4800 USt 855,00€			

3. Zielverkauf von drei Holzbetten, Stückpreis 790,00 € netto, abzüglich 15 % Treuerabatt.

2400 FO 2.397,26€	an	5000 UEFE 2.014,50€	
		4800 USt 382,76€	

4. Eines der drei Holzbetten wird an uns zurückgesendet, da dieses in der falschen Größe geliefert worden ist. Der Kunde erhält eine Gutschrift.

5000 UEFE 671,50€	an	2400 FO 799,09€	
4800 USt 127,59€			

Aufgabe 52

Im Unternehmen Velo-Conrad sind zwei deiner Kollegen ausgefallen. Daher musst du dich sowohl um den Einkauf von Werkstoffen als auch den Verkauf von Fertigerzeugnissen kümmern. Zeige deinem Chef, dass du in beiden Bereichen fit bist.

1. Bilde den Buchungssatz für die nachfolgende Rechnung Nr. 890-009.

Velo-Conrad

Ihr Zwei-Rad-Spezialist mit Herz

Velo-Conrad e. K.· Gewerbestraße 3 · 97074 Würzburg

Gewerbestraße 3
97074 Würzburg
Tel.: 0931 98543-0
Fax: 0931 98543-1
@ info@velo-conrad.de
www.velo-conrad.de

Die Fahrradprofis

Freiherr-vom-Stein-Ring 128
63741 Aschaffenburg

Rechnung Nr.: **890-009**

Datum/Lieferung
05.01.20..

840,00€
- 84,00€
756,00€
·3

Pos.	Menge	Leistung	Einzelpreis (in EUR)	Gesamtpreis (in EUR)
1	10	Kinderfahrräder „KIDS“	280,00	2.800,00
		-Rabatt 10 %		280,00
		Nettosumme		2.520,00
		19,00 % USt		478,80
		Gesamtsumme		**2.998,80**

Zahlbar innerhalb von 30 Tagen rein netto. Lieferung „frei Haus“
Die gelieferte Ware bleibt bis zur vollständigen Bezahlung Eigentum des Lieferers
Amtsgericht Würzburg: HRA 2008 – Steuernummer: 438/657/70500 - USt-ID-Nr. DE567 890 456
IBAN DE03 5678 0001 0000 1983 15 BIC AGENBEBA

2400 FO 2.998,80 € an 5000 UEFE 2.520,00 €
4800 USt 478,80 €

2. Zeige auf, welche Liefer- und Zahlungsbedingungen Velo-Conrad auf dem Beleg angibt (siehe Nr. 1).

Lieferbedingung: „frei Haus" → Verkäufer zahlt Lieferung
Zahlungsbedingung: 30 Tage um den Rechnungsbetrag zu bezahlen.

3. Der Kunde „Die Fahrradprofis" aus Aschaffenburg (siehe Nr. 1) sendet drei der zehn gelieferten Fahrräder aufgrund falscher Farblackierung an uns zurück. Wir schreiben ihm den Betrag gut.

5000 UEFE 756,00 €
4800 USt 143,64 € an 2400 FO 899,64 €

4. Folgender Beleg liegt dir vor. Erstelle den Buchungssatz bei Rechnungseingang.

Hubert Zoll
-Stahllieferant-

Gute Qualität -
Preiswert -
Perfekter Service

Hubert Zoll · Industriestraße 89 · 85049 Ingolstadt

Velo-Conrad

Gewerbestraße 3
97074 Würzburg

Industriestraße 89
85049 Ingolstadt
Tel.: 0841 63759
Fax: 09841 637591

→ service@h.zoll.de
→ www.zoll-stahl.de

Rg.-Nr.: 888/65

Datum: 10.01.20..

Pos.	Menge	Leistung	Einzelpreis je t (in EUR)	Gesamtpreis (in EUR)
1	100	Stahl 1-Qualität	520,00	**52.000,00**
		Warenwert, netto		52.000,00
		Leihverpackung		1.000,00
				53.000,00
		19,00 % USt		10.070,00
		Rechnungsbetrag		**63.070,00**

Die Rechnung ist fällig am 30.01.20...
Bei Zahlung bis zum 18.01.20.. gewähren wir 2 % Skonto.

Wir sagen „DANKE" für Ihre Bestellung!

Amtsgericht Ingolstadt: HRA 1556 – Steuernummer: 678/365/15118 - USt-ID-Nr. DE455 897 333
IBAN DE013 0897 0000 1010 1512 61 BIC HGENDEDA

5. Der Firma „Hubert Zoll“ (siehe Nr. 4) ist leider ein Fehler unterlaufen. Uns wurde Stahl in einer schlechteren Qualität geliefert. Daher senden wir die gesamte Lieferung (inkl. Leihverpackung) zurück und erhalten eine Gutschrift.

Aufgabe 53

Formuliere die Geschäftsfälle für das Unternehmen Holzmann zu folgenden Buchungssätzen.

1. 4400 VE 595,00 € an 6030 AWB 500,00 €
   2600 VORST 95,00 €

2. 5000 UEFE 120,00 €
   4800 UST 22,80 € an 2400 FO 142,80 €

   Ein Kunde sendet uns einen Kinderschreibtisch zurück, da wir diesen in der falschen Farbe geliefert haben. Wir erteilen ihm eine Gutschrift über 120,00 € netto.

3. 4400 VE 30.940,00 € an 6000 AWR 24.000,00 €
   6001 BZKR 2.000,00 €
   2600 VORST 4.940,00 €

4. 4400 VE 214,20 € an 6010 AWF 180,00 €
   2600 VORST 34,20 €

2.6 Preispolitik

Aufgabe 54

1. Es gibt unterschiedliche Arten der Preisdifferenzierung. Löse die folgende Aufgabe, indem du immer drei Kästchen, die sinngemäß zusammenpassen, miteinander verbindest.

Räumliche Preisdifferenzierung

Für ein identisches Produkt werden an verschiedenen Orten

Für ein identisches Produkt werden zu unterschiedlichen Zeiten

Zeitliche Preisdifferenzierung

verschiedene Preise verlangt.

Personelle Preisdifferenzierung

verschiedene Preise verlangt.

verschiedene Preise verlangt.

Für ein identisches Produkt werden von unterschiedlichen Personengruppen

2. Du hast vier Preisdifferenzierungsarten kennengelernt. Welche dieser Arten ist in Aufgabenteil 1 nicht genannt? Nenne und erkläre diese.

Die verkauften Stückzahlen wurden nicht genannt.
Wir gewähren Mengenrabatt

Aufgabe 55

Im Unternehmen Holzmann werden verschiedene Arten der Preisdifferenzierung angewendet. Welche Art der Preisdifferenzierung liegt bei den folgenden Beispielen vor?

Beispiel 1: Kauft ein Kunde 50 Betten der Produktlinie „Basic", erhält er 20 % Rabatt.

Abhängig von der Stückanzahl

Beispiel 2: Für Schüler und Studenten kostet der Schreibtisch „Worker" statt 220,00 € nur 149,00 €.

Abhängig vom Kundenkreis

Beispiel 3: Von November bis März kostet die Produktlinie „Outdoor" (Stühle und Tische für Terrassen und Balkone) 40 % weniger.

Abhängig vom Verkaufszeitpunkt

Beispiel 4: Zum Kundenstamm der Firma Holzmann gehören auch Kunden aus dem Ausland. Alle Produkte für diese Kunden werden mit einem Preisaufschlag von 2,5 % verkauft.

Abhängig vom Verkaufsort

Aufgabe 56

Eine Kollegin von dir sollte heute die möglichen Preisstrategiearten in der Marketingabteilung des Unternehmens Velo-Conrad vorstellen. Leider ist diese kurzfristig erkrankt. Dein Chef Herr Conrad hat dich gebeten, diese Aufgabe zu übernehmen. Kurz vor der Präsentation stellst du allerdings fest, dass die Informationen deiner Kollegin nicht vollständig sind. Fülle die Tabelle dazu korrekt aus.

Art der Preisstrategie	Erklärung	Beispiel
Abschöpfungsstrategie	Der Angebotspreis ist bei der Markteinführung hoch, später wird dieser langsam gesenkt.	Markteinführung: 1.999,99€ Später: 1.599,99€ Technische Mittel bei Markteinführung
Schwellenpreisstrategie	Die Preise werden nicht auf glatte Beträge festgesetzt	299,90 €; 0,99 €
Hochpreis	Langfristig hohe Preise (über dem Durchschnittspreis der Konkurrenz)	1.1.24 - 6.6.24: 300,00€ danach: 240,00€ Luxusgüter
Niedrigpreisstrategie	Der Angebotspreis ist am unteren Rand der Angebotspalette und kommt zum Einsatz auf Massenmärkten mit hoher Konkurrenz.	Angebotspreis: 400,00€ Massenmärkte: 200,00€ Lebensmittel beim Discounter
Dumpingpreis	Produkte werden anfangs unter den Herstellkosten verkauft	Anfang: 100,00€ Später: 150,00€ Zeitschriften bei Markteinführung

3. Anlagen und Finanzierung

Merkpunkte

- **Sachanlagen**
  → sind in der **Kontenklasse 0** erfasst → Beispiele: Grundstücke, Maschinen und Anlagen, Fuhrpark, Büromaschinen
  → sind dazu bestimmt, dem Betriebszweck dauernd bzw. langfristig zu dienen
  → für jeden Anlagengegenstand wird im Unternehmen eine **Anlagenkarte** geführt, die alle wichtigen Daten dazu enthält (z.B. Anschaffungsdatum, Lieferant, Nutzungsdauer, Anschaffungskosten)

- Beim Kauf von Sachanlagen können **Anschaffungsnebenkosten** anfallen
  → Alle Kosten, die anfallen, um die jeweilige Sachanlage in Betrieb zu nehmen
  → Die Anschaffungsnebenkosten werden nicht auf einem eigenen Konto erfasst, sondern dem Kaufpreis (Anschaffungspreis) des Anlagegutes (z.B. LKW - 0840 FP) zugerechnet.

- Sachanlagen müssen zum Zeitpunkt des Erwerbs (Kaufs) mit ihren **Anschaffungskosten (AK)** auf dem Anlagenkonto (z.B. 0840 FP) aktiviert (gebucht) werden → Berechnung der Anschaffungskosten

Schema				**Beispiel**
	Anschaffungspreis	Listenpreis, netto		**18.000,00 €**
+	**Anschaffungsnebenkosten**	Fallen an, um das Anlagegut in Betrieb zu nehmen	z. B. Überführungsgebühren, Zulassungsgebühren, Fundamentierungskosten, Montagekosten, Grunderwerbsteuer	**2.000,00 €**
-	**Anschaffungspreisminderungen**	Nachlässe, die den Anschaffungspreis mindern	z. B. Rabatte, Skonti	**1.000,00 €**
=	**Anschaffungskosten**	Alle Kosten, die bei Anschaffung und Inbetriebnahme anfallen		**21.000,00 €**

!!! Bei der Berechnung der Anschaffungskosten werden immer NETTOWERTE angesetzt !!!

- **Buchungssatz** (hier: Zielkauf eines Firmen-PKWs, Aktivierung der Anschaffungskosten)

0840 FP	21.000,00 €			
2600 VORST	3.990,00 €	an	4400 VE	24.990,00 €

- Sachanlagen unterliegen einer **Wertminderung** durch:
  → Abnutzung (Ausnahme: Grundstücke! - Diese können nicht abgenutzt werden)
  → technischen Fortschritt
  → rechtliche Änderungen (z.B. gesetzliche Vorgaben wie bspw. Umweltschutzauflagen)
  → außerordentliche Umstände (z.B. Brand, Explosion, Unwetter)

- Diese Wertminderung wird durch die **Abschreibung** auf Sachanlagen am Jahresende erfasst.
  → Steuerrechtlicher Begriff für die Abschreibung: „Absetzung für Abnutzung" (AfA)

- Auswirkungen der Abschreibung

  → Abschreibungen dienen der **Selbstfinanzierung/Substanzerhaltung**
    → Abschreibungen zählen genauso zu den Kosten eines Produktes wie bspw. Material und Gehälter → Berücksichtigung der Abschreibungsbeträge in der Kalkulation zur Ermittlung der Verkaufspreise

→ Werden die eigenen Erzeugnisse verkauft, fließen über die Umsatzerlöse die einkalkulierten Abschreibungsbeträge wieder in das Unternehmen zurück → Diese Mittel stehen nun wieder für Neuanschaffungen zur Verfügung → **Selbstfinanzierung**

→ Abschreibungen führen zu einer **Steuerersparnis**
→ Abschreibungen sind Aufwendungen → Aufwendungen vermindern den Gewinn → Höhe der Steuerlast ist vom Gewinn abhängig → je geringer der Gewinn, desto geringer die Steuerlast → **Steuerersparnis**

- Berechnung der Abschreibung am Jahresende → Anwendung der **linearen Abschreibung**
  → Die jährlichen Abschreibungsbeträge sind **gleich hoch**, da die Anschaffungskosten gleichmäßig auf die Nutzungsdauer verteilt sind.
  → Die Abschreibungsbeträge werden von den Anschaffungskosten (netto!) berechnet.
  → Der Anlagengegenstand ist am Ende der Nutzungsdauer vollständig abgeschrieben, sein Wert beträgt dann 0,00 €.
  → Wird der Anlagengegenstand nach vollständiger Abschreibung weiter im Unternehmen genutzt, so wird dieser mit **1,00 € Erinnerungswert** auf dem jeweiligen Anlagenkonto geführt

Formeln - Berechnungen im Rahmen der linearen Abschreibung

$$\text{Abschreibungsbetrag/Jahr in €} = \frac{\text{Anschaffungskosten (AK)}}{\text{Nutzungsdauer (ND)}} = \frac{21.000{,}00\ €}{6\ \text{Jahre}} = 3.500{,}00\ €$$

$$\text{Abschreibungssatz in \%} = \frac{100\ \%}{\text{Nutzungsdauer}} = \frac{100\ \%}{6\ \text{Jahre}} = 16{,}67\ \%$$

Anschaffungskosten - Abschreibungsbetrag = Buchwert (Restbuchwert)

- Buchhalterische Erfassung der Abschreibung

  → Die jährliche Abschreibung wird als Aufwand im Soll des Kontos **6520 ABSA** gebucht, die Gegenbuchung erfolgt auf der Habenseite des jeweiligen Sachanlagenkontos (z. B. 0840 FP)

6520 ASBA	3.500,00 €	an	0840 FP	3.500,00 €

- **Fremdfinanzierung** = Finanzierung durch Fremdkapital
  → möglich durch eine **Kreditaufnahme** bei der Bank

- **Kredit** = Überlassung eines Geldbetrages an einen Kreditnehmer. Die Kreditsumme muss innerhalb eines vereinbarten Zeitraumes zuzüglich Zinsen (Sollzinsen) zurückgezahlt werden (Tilgung + Zinsen = **Schuldendienst**)

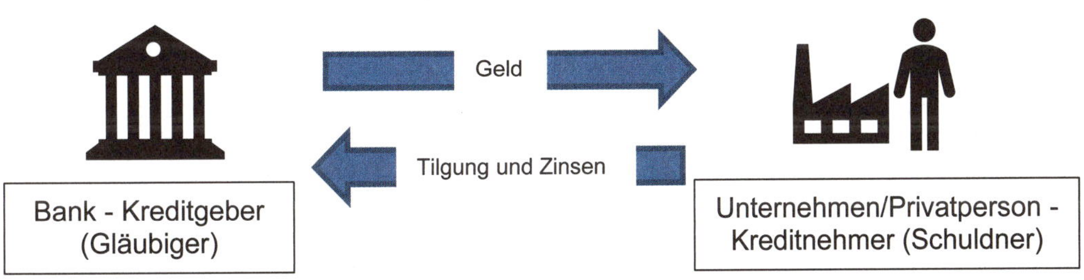

- Bei einem Kreditantrag prüft die Bank, ob der zukünftige Kreditnehmer (Schuldner) **kreditwürdig** (persönliche und wirtschaftliche Verhältnisse) ist. Weiterhin verlangt die Bank bei der Vergabe von Krediten in der Regel **Kreditsicherheiten** (z.B. Bürgschaft, Grundschuld, Sicherungsübereignung), falls der Kreditnehmer den Kredit nicht mehr zurückzahlen kann.

○ **Kreditkosten:** Zinsen (Sollzinsen) und Disagio (auch Damnum oder Abgeld genannt) → Kreditkosten stellen für den Kreditnehmer einen Aufwand dar.

→ Berechnung - Zinsen (nach der kaufmännischen Zinsrechnung)

$$\text{Zinsen (Z)} = \frac{K \bullet p \bullet t}{100 \bullet 360} \qquad \text{Kapital (K)} = \frac{Z \bullet 100 \bullet 360}{p \bullet t}$$

$$\text{Zinssatz (p)} = \frac{Z \bullet 100 \bullet 360}{K \bullet t} \qquad \text{Zeit (t)} = \frac{Z \bullet 100 \bullet 360}{K \bullet p}$$

Merkmale der Zinsrechnung
→ **Annahme**: Jeder Monat hat 30 Tage und ein Kalenderjahr hat 360 Tage
→ Der erste Tag der Laufzeit wird nicht mitgezählt, jedoch der letzte Tag der Laufzeit

○ Liegen von verschiedenen Banken Kreditangebote vor, so können diese mithilfe des **effektiven Zinssatzes** miteinander verglichen werden. Ob eine Investition allerdings wirtschaftlich sinnvoll ist, kann mit dem effektiven Zinssatz nicht entschieden werden → der effektive Zinssatz alleine reicht also zur Beurteilung einer Kreditaufnahme nicht aus.

$$\text{Effektiver Zinssatz p (eff)} = \frac{\text{Kreditkosten} \bullet 100\,\% \bullet 360\text{ Tage}}{\text{Ausgezahltes Kapital} \bullet \text{Tage}}$$

Beachte im Zusammenhang damit:

→ Kreditkosten = Zinsen + Disagio
→ Ausgezahltes Kapital = Kreditbetrag - Disagio
→ Je höher der effektive Zinssatz ist, desto teurer ist der Kredit.

○ **Buchungssätze** im Kreditbereich

1. **Kreditaufnahme** (verbunden mit der Gutschrift auf dem Bankkonto → Auszahlung des Kredits)

Grundsätzliche Unterscheidung:

Langfristiger Bankkredit (Laufzeit > 1 Jahr) → wird über das Konto **4250 LBKV** gebucht
Kurzfristiger Bankkredit (Laufzeit < 1 Jahr) → wird über das Konto **4200 KBKV** gebucht

- Kreditaufnahme **OHNE** Disagio

2800 BK	an	**4200 KBKV oder 4250 LBKV**

- Kreditaufnahme **MIT** Disagio
  → zählt zu den Kreditkosten
  → die Bank zieht das Disagio sofort ab → Der Auszahlungsbetrag verringert sich um das Disagio
  → das Disagio wird über das Konto **7510 ZAW** gebucht

2800 BK **7510 ZAW**	an	**4200 KBKV oder 4250 LBKV**

Berechnungsschema - Kreditaufnahme mit Disagio		
Kreditsumme	100 %	**4250 LBKV oder 4200 KBKV**
- Disagio	X %	**7510 ZAW**
Auszahlungsbetrag	100 % - X %	**2800 BK**

2. **Schuldendienst** (Rückzahlung → Tilgung und Zinszahlung)

→ Zinsaufwendungen werden über das Konto **7510 ZAW** gebucht
→ Zinsaufwendungen sind Kreditkosten

- Kurzfristiger Kredit

4200 KBKV **7510 ZAW**	**an**	**2800 BK**

- Langfristiger Kredit

4250 LBKV **7510 ZAW**	**an**	**2800 BK**

3.1 Kauf von Anlagegütern

Aufgabe 57

Im Unternehmen Velo-Conrad sind in diesem Geschäftsjahr bisher viele Anlagegüter angeschafft worden. Entscheide, auf welche Konten die jeweiligen Anlagegüter gebucht werden.

Anlagegut	Konto	Anlagegut	Konto
Kopierer	0860 BM	Lagerhalle	0530 BVG
Gabelstapler	0940 FP	Lieferwagen	0840 FP
Fertigungsmaschine	0700 MA	Einrichtung Großraumbüro	0870 BGA
Telefonanlage	0870 BGA	Kombi-Schweißgerät	0700 MA
PC	0870 BGA	Grundstück	0500 GR

Aufgabe 58

Verbinde immer zwei Kästchen, die sinngemäß zusammengehören.

können Anschaffungsnebenkosten anfallen

Sachanlagen dienen

eine Anlagenkarte geführt

werden Sachanlagen erfasst

Im Unternehmen wird für jeden Anlagengegenstand

dem Betriebszweck langfristig

In der Kontenklasse 0

Beim Kauf von Sachanlagen

Aufgabe 59

Im Unternehmen Holzmann wurde eine neue Maschine angeschafft. Deine Kollegin, die eigentlich für das Ausfüllen der Anlagenkarten zuständig ist, nimmt an einer Fortbildung teil, daher musst du sie vertreten. Einige Eintragungen hat deine Kollegin schon in der Anlagenkarte vorgenommen. Die anderen notwendigen Daten dazu hat sie auf einem Notizzettel festgehalten und auf deinen Schreibtisch gelegt. Fülle die gelben Felder in der Anlagenkarte aus (siehe nächste Seite).

Notizen

4.200,00 € | *2341* | *0700 MA* | *6 Jahre*

0700 MA | *Tischkreissäge JIM X3* | *03.01.20..*

Holzmaschinenhandel Karl Groß

Holzmann e. K. **Gewerbestraße 2** **97074 Würzburg**		**-Anlagenkarte-**	
Bezeichnung		**Inventarnummer**	
Konto			
Anschaffung am			
Anschaffungskosten		Verkäufer	
Nutzungsdauer			

Abschreibungsplan		
Jahr	**Abschreibung**	**Restbuchwert zum 31.12.20..**
20..	700,00 €	3.500,00 €
20..	700,00 €	2.800,00 €
...	...	...

Aufgabe 60

1. Welche der folgenden Kosten sind Anschaffungsnebenkosten? Kreuze an.

Kosten	**Anschaffungsnebenkosten**	
	JA	**NEIN**
Grundbuchgebühren		
Fracht		
Notariatskosten		
Kreditzinsen		
Zoll		
Benzin		
Installation		
Zinsen		
Maklergebühren - Immobilien		
Montage		
Kosten für ein Fundament		
Transportversicherung		
Überführung		
Sonderausstattung		
Vermessungskosten		
Grunderwerbsteuer		
Umsatzsteuer		

2. Grunderwerbsteuer - Recherchiere dazu im Internet und bearbeite die folgenden Aufgaben.

2.1 Erkläre, worum es sich bei der Grunderwerbsteuer handelt.

____

____

2.2 Wie hoch ist die Grunderwerbsteuer in…

- Bayern: ______________________________
- Baden-Württemberg: ___________________________
- Berlin: ________________________

3. Informiere dich über den Beruf Notar und gib seine Hauptaufgabenbereiche an.

____

____

____

____

Aufgabe 61

Herr Holzmann möchte eine neue und modernere Fertigungsmaschine für seine Produktionshalle anschaffen. Diese kostet laut Listenpreis netto 85.000,00 €. Weiterhin fallen folgende Kosten an: Fracht netto 2.000,00 €, Transportversicherung netto 230,00 €, Fundamentierungskosten netto 2.400,00 €. Der Verkäufer gibt 10 % Messerabatt.

1. Berechne die Anschaffungskosten der Fertigungsmaschine.

Lösung:

	85.000,00 €	netto
−	8.500,00 €	Rabatt
+	2.000,00 €	Fracht
+	230,00 €	Transportversicherung
	2.400,00 €	Fund. kosten
=	81.130,00 €	Anschaffungspreis

2. Erstelle den Buchungssatz für die Anschaffung der Fertigungsmaschine gegen Rechnung.

2800 BK 81.130,00 € an 4400 VE 96.544,70 €
2600 VORST 15.414,70 €

3. Wir begleichen die Rechnung (Nr. 2) per Banküberweisung. Wie lautet der Buchungssatz?

4400 VE 96.344,70 € an 2800 BK 96.344,70 €

Aufgabe 62

Das Unternehmen Velo-Conrad benötigt einen neuen Firmen-LKW zur Auslieferung der Fahrräder an die Kunden. Dazu liegt der Buchführungsabteilung im Unternehmen Velo-Conrad folgende Rechnung vor.

ZOLLINGER Autohandel

Zollinger Autohandel; Parkallee 101; 97688 Bad Kissingen

Firma
Velo-Conrad
Gewerbestraße 2
97074 Würzburg

Parkallee 101
97688 Bad Kissingen
Tel.: 0971 55111
Fax.: 0971 55444
Sparbank Bad Kissingen
@@@: info@zollinger.de

Rechnung NR.: 47859884

Datum: 16.06.20..

Position	Artikelbezeichnung	Einzelpreis netto in EURO	Nettowert in € der Position
	LKW Typ X3500D	120.000,00 €	120000,00
	Sonderausstattung	7.900,00 €	7900,00
	Überführung	1.200,00 €	1200,00
			129.100,00

			Nettosumme in €	MWSt (19%)	Bruttosumme in €
			129.100,00	24.529,00	153.629,00

Der LKW wird von unserem Mitarbeiter geliefert. Eine Einweisung erfolgt vor Ort.
Steuernummer: 9/205/112/34681 - USt-ID-Nr. DE3348759751

Bankverbindung: Sparbank Bad Kissingen, IBAN DE 26 1273 2000 1025 0632 74

1. Bilde den Buchungssatz für den Eingang der Rechnung am 16.06.20...

2. Das Unternehmen Zollinger gewährt überraschenderweise im Nachhinein 10 % Rabatt auf dem LKW. Wie hoch sind die Anschaffungskosten, die nun aktiviert werden müssen? Berechne.

Lösung:

Aufgabe 63

Das Unternehmen Velo-Conrad möchte sich vergrößern und benötigt hierfür ein Grundstück. Herr Conrad hat lange gesucht und wurde endlich fündig. In direkter Nachbarschaft kann er für 450.000,00 € ein 3000 m^2 großes Grundstück kaufen. Dabei fallen Gebühren für die Grundbucheintragung 900,00 €, 3.500,00 € Notariatskosten und 3,50 % Grunderwerbsteuer an.

Ermittle die Höhe der Anschaffungskosten, die für das Grundstück aktiviert werden müssen.

Lösung:

3.2 Die Wertminderung bei Sachanlagen (Abschreibung)

Aufgabe 64

Es gibt verschiedene Gründe, die zu einer Wertminderung von Anlagegütern führen. Kreuze an, welche dieser Gründe in den folgenden Beispielen der Firma Holzmann vorliegen.

Beispiel	Abnutzung	Technischer Fortschritt	Rechtliche Änderungen	Außerordentliche Umstände
Kauf einer Kreissäge, die effektiver und leiser arbeitet.		X		
Umweltschutzauflagen erfordern die Anschaffung einer neuen Staubfilteranlage.			X	
Die Lagerhalle ist aufgrund eines Feuers abgebrannt.				X
Das Außenlager aus Stahl für Holzlatten beginnt zu rosten und muss ersetzt werden.	X			
Ein Firmenfahrzeug erlitt bei einem unverschuldeten Unfall einen Totalschaden.				X
Nach 7 Jahren wird eine alte Schleifmaschine durch eine neue ersetzt, da diese stark beansprucht wurde.	X			
Gesundheitsauflagen erfordern die Anschaffung einer neuen Holzleimmaschine.			X	

Aufgabe 65

Die Abschreibung auf Sachanlagen führt zu verschiedenen Auswirkungen im Unternehmen.

1. Vervollständige den folgenden Lückentext. Der Wortspeicher kann dir dabei helfen.

Abschreibungen im Unternehmen stellen ____________________ dar. Sie zählen zu den ____________________ eines Produktes, wie beispielsweise auch das __________ oder die Gehälter für das ______________. Daher werden die Abschreibungsbeträge in der ______________ zur Ermittlung der ____________________ mitberücksichtigt. Werden die Produkte ____________, fließen die einkalkulierten Abschreibungsbeträge über die ______________ wieder in das Unternehmen __________. Diese finanziellen Mittel stehen dem Unternehmen nun wieder für ________________ zur Verfügung. Somit dient die Abschreibung auf Sachanlagen der ____________________________.

Wortspeicher: Selbstfinanzierung, Aufwendungen, zurück, verkauft, Kalkulation, Material, Verkaufspreise, Umsatzerlöse, Kosten, Neuanschaffungen, Personal

2. Erläutere, weshalb Abschreibungen zu einer Steuerersparnis führen.

____

____

____

Aufgabe 66

Zu folgenden Anlagegütern im Unternehmen Holzmann ist die dazugehörige Nutzungsdauer angegeben. Leider haben sich dort einige Fehler eingeschlichen. Überprüfe mithilfe der AfA-Tabelle auf der Homepage des Bundesfinanzministeriums (→ verwende den QR-Code), ob die angegebene Nutzungsdauer korrekt ist. Falls nicht, gib die richtige Nutzungsdauer an. Tipp: Betrachte dir die AfA-Tabelle auf der Homepage in der alphabetischen Sortierung!

Anlagegüter	Nutzungsdauer in Jahren	Richtig ✓	Falsch → Korrektur X
Feilmaschine	**3**		X → ~~7~~ 13
Schleifmaschine, stationär	**15**	✓	
Staubsauger, Industrie-	**6**		X → 7
Kehrmaschine	**7**		X → 9
Fräsmaschine, mobil	**8**	✓	
Aktenvernichter	**4**		X → 8
Hubwagen	**5**		X → 8
Computer	**3**	✓	
Kopiergerät	**10**		X → 7
LKW	**9**	✓	

Aufgabe 67

Berechne die fehlenden Werte unter Anwendung der passenden Formeln zur linearen Abschreibung.

	Anschaffungskosten	Nutzungsdauer	Abschreibungssatz	Abschreibungsbetrag
1	45.000,00 €	10 Jahre	10%	4.500,00€
2	16.000,00 €	5 Jahre	20 %	3.200,00€
3	24.000,00€	8 Jahre	12,5%	3.000,00 €
4	8.000,00 €	20 Jahre	5 %	400,00 €
5	4.600,00€	4 Jahre	25 %	1.150,00 €

Nebenrechnungen:

(1) Abschreibungsbetrag in € : $\frac{45.000,00}{10}$ = 4.500,00(€)
Abschreibungssatz in % : $\frac{100}{10}$ = 10%

(2) Abschreibungssatz in % : $\frac{100}{ND}$
$20\% = \frac{100}{ND} \quad | \cdot ND$
$20\% \cdot ND = 100 \quad | : 20\%$
$ND = 5 (J)$

Aufgabe 68

In der Firma Velo-Conrad wird am 06.01.20.. ein neuer LKW für netto 175.000,00 € auf Ziel gekauft. Die Kosten für Sonderausstattungen betragen netto 4.450,00 €. An Überführungskosten fallen noch netto 550,00 € an. Die voraussichtliche Nutzungsdauer beträgt 9 Jahre, der LKW wird linear abgeschrieben.

1. Wie hoch sind die aktivierungspflichten Anschaffungskosten für den LKW? Berechne.

Lösung:

2. Bilde den Buchungssatz für den Zielkauf des LKWs am 06.01.20…

3. Ermittle die Höhe des jährlichen Abschreibungsbetrages sowie den Abschreibungssatz.

Lösung:

4. Erstelle eine Abschreibungstabelle für die ersten drei Nutzungsjahre bei linearer Abschreibung.

Lösung:

Aufgabe 69

Kreuze an, welche Merkmale bei der Wertminderung von Sachanlagen zutreffen.

Der jährliche Abschreibungsbetrag…	☐ ist unterschiedlich hoch ☒ ist gleich hoch
Die Abschreibung kann als … bezeichnet werden	☒ Absetzung für Abnutzung ☐ Abschreibung für Abnutzung
Die Nutzungsdauer von Sachanlagen…	☐ kann jedes Unternehmen festlegen ☒ ist in AfA-Tabellen vorgegeben
Bei der Abschreibung auf Sachanlagen	☒ handelt es sich um Aufwendungen ☐ handelt es sich um Erträge
Die Abschreibung auf Sachanlagen wird vorgenommen, um…	☐ deren Wertsteigerung festzuhalten ☒ deren Wertminderung festzuhalten

Aufgabe 70

In der Firma Velo-Conrad liegt dir folgende Anlagenkarte vor.

VELO-CONRAD Gewerbestraße 3 97074 Würzburg		-Anlagenkarte-	
Bezeichnung	Kopiergerät XYNO TA-34_908	**Inventarnummer**	2341
Konto			
Anschaffung	17.01.2023		
Anschaffungskosten	2.800,00 €	Bürofachhandel MAYER Dieselstraße 3a 80333 München	
Nutzungsdauer	7 Jahre		
Abschreibungsplan			
Abschreibungsverfahren:		**Abschreibungssatz:** %	

Jahr	**Abschreibung**	**Restbuchwert zum 31.12.20..**
2023		
2024		
...	...	...

1. Analysiere die Anlagenkarte und fülle die Lücken (rot) aus.

Nebenrechnungen:

2. Erstelle den Buchungssatz zum Kauf des Kopierers auf Ziel am 17.01.2023.

3. Nachdem das Kopiergerät vollständig abgeschrieben ist, wird es weiterhin im Unternehmen genutzt. Welchen Restbuchwert hat das Kopiergerät am 31.12.2029 und wie kann dieser Wert genannt werden?

3.3 Buchung der Abschreibung

Aufgabe 71

Das Unternehmen Holzmann erwirbt ein neues Kombikopiergerät für netto 5.390,00 €. An Aufstellungs- und Einstellungskosten fallen 210,00 € netto an. Der jährliche Abschreibungsbetrag beträgt 800,00 €.

1. Bilde den Buchungssatz für den Zielkauf des Kopierers am 23.01.20…

0860 BM 5.600,00€ an 4400 VE 6.664,00€
2600 VORST 1.064,00€

Nebenrechnung:

5.600,00€ : 100 · 19 = 1.064,00€ = Vorsteuer

5.390,00€ + 210,00€ = 5.600,00€ = Ak

2. Ermittle den Restbuchwert am Ende des vierten Nutzungsjahres.

Lösung:

Ak: 5.390,00€ + 210,00€ = 5.600,00€
AfA für 4 Jahre: 4 · 800,00€ = 3.200,00€
Restbuchwert im 4 Jahr: = 2.400,00€

3. Ermittle die Nutzungsdauer für das Kombikopiergerät.

Lösung:

$AfA = \frac{Ak}{ND}$

$ND = \frac{AK}{AfA} = \frac{5.600,00€}{800,00€} = 7$ Jahre

4. Wie lautet der Buchungssatz bei der Abschreibung im ersten Nutzungsjahr?

6520 ABSA 800,00€ an 0860 BM 800,00€

Aufgabe 72

Das Unternehmen Holzmann kauft im Januar eine neue Fräsmaschine für 3.808,00 € brutto. Der Buchwert am Ende des 1. Nutzungsjahr beträgt 2.800,00 €.

1. Ermittle den jährlichen Abschreibungsbetrag.

Lösung:

2. Berechne den Abschreibungssatz.

Lösung:

3. Bilde den Buchungssatz für die Abschreibung am Ende des ersten Nutzungsjahres.

Aufgabe 73

Im Unternehmen Velo-Conrad wurde am 02.01.20.. ein neuer Firmenwagen angeschafft. Neben dem Abschreibungssatz in Höhe von $16\frac{2}{3}$ % liegen dir zur Bearbeitung der folgenden Aufgabe noch die Anschaffungsnebenkosten in Höhe von netto 3.500,00 € sowie der Buchungssatz für die Abschreibung am Ende des ersten Nutzungsjahres vor.

6520 ABSA	**an**	**0840 FP**	**6.900,00 €**

1. Ermittle die betriebliche Nutzungsdauer für den PKW.

Lösung:

2. Herr Conrad möchte von dir den Nettolistenpreis und die Anschaffungskosten für den Firmenwagen wissen. Berechne jeweils den gesuchten Wert.

Lösung:

3. Gib drei Beispiele für Anschaffungsnebenkosten an, die beim Kauf eines Firmenwagens anfallen können.

____

____

4. Bilde den Buchungssatz für den Kauf des Firmenwagens auf Ziel am 02.01.20…

Aufgabe 74

Kreuze jeweils die richtige Lösung an. Hast du die Kreuze korrekt gesetzt, ergibt sich am Ende ein Lösungswort. Tipp: Das Lösungswort spielt in der Firma Velo-Conrad eine besondere Rolle.

Der Abschreibungssatz bei einer Nutzungsdauer von 8 Jahren beträgt…	☐ 8,5 % **(B)**	☒ 12,5 % **(A)**
Anschaffungskosten = 144.000,00 €, Abschreibungssatz $8\frac{1}{3}$ % → Der jährliche Abschreibungsbetrag beträgt …	☒ 12.000,00 € **(A)**	☐ 14.000,00 € **(T)**
Buchwert am Ende des 2. Jahres = 17.100,00 €, Anschaffungskosten = 28.500,00 € → Die Nutzungsdauer beträgt…	☐ 7 Jahre **(L)**	☒ 5 Jahre **(D)**
Buchwert am Ende des 1. Nutzungsjahres 84.000,00 €, Abschreibungssatz 20 % → Die Anschaffungskosten sind…	☐ 112.000,00 € **(E)**	☒ 105.000,00 € **(R)**
Die Nutzungsdauer bei einem Abschreibungssatz von 25 % beträgt…	☒ 4 Jahre **(R)**	☐ 5 Jahre **(O)**
Anschaffungskosten = 10.800,00 €, Nutzungsdauer 6 Jahre → Der Restbuchwert am Ende des 3. Jahres beträgt…	☒ 5.400,00 € **(F)**	☐ 3.600,00 € **(B)**
Listenpreis netto 4.900,00 €, Anschaffungsnebenkosten brutto 1.309,00 € → Die Anschaffungskosten betragen…	☐ 6.000,00 € **(H)**	☐ 6.209,00 € **(T)**

Das Lösungswort lautet: ______________________

3.4 Kreditaufnahme

Aufgabe 75

Herr Holzmann möchte einen Kredit aufnehmen und holt zum Ablauf der Kreditaufnahme Informationen ein. Um die komplizierten Zusammenhänge vereinfacht darzustellen, hat er eine Abbildung erstellt. Vervollständige diese, indem du die Begriffe aus dem Wortspeicher einsetzt.

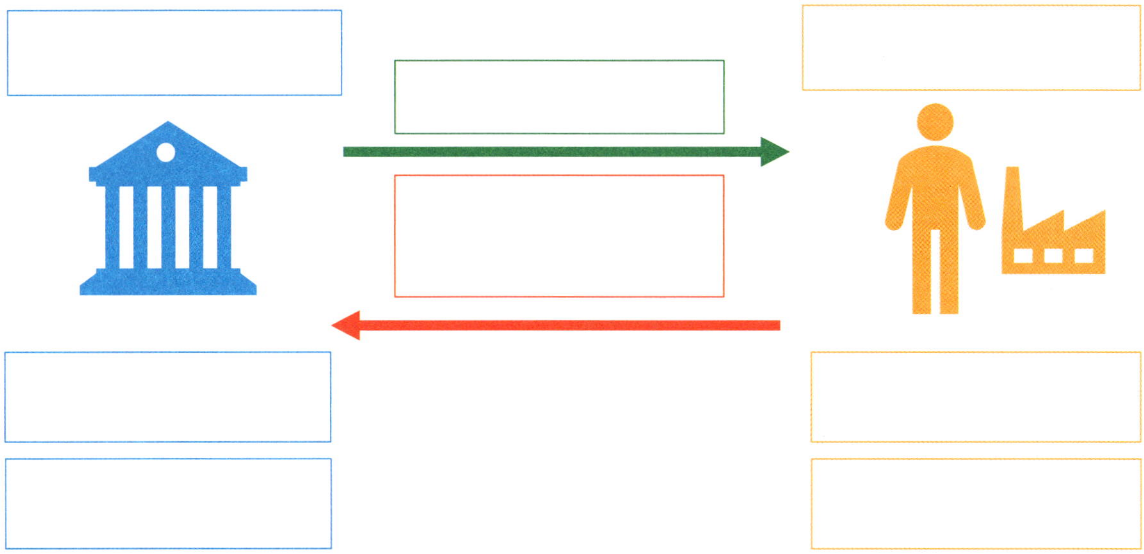

Wortspeicher: Gläubiger, Bank, Geld, Kreditnehmer, Kreditgeber, Schuldner, Herr Holzmann, Schuldendienst (Tilgung und Zinsen)

Aufgabe 76

Verbinde die Kästchen, die sinngemäß zusammengehören.

Die geliehene Kreditsumme	sind Kreditkosten
Der Schuldendienst setzt sich zusammen aus	stellen Kreditsicherheiten dar
Zinsen und Disagio	als Gläubiger bezeichnet werden
Die geliehene Kreditsumme muss	muss zuzüglich Zinsen zurückgezahlt werden
Bei der Kreditvergabe wird die	kann als Abgeld bezeichnet werden
Ein Kreditnehmer kann	eines Kreditbetrages an einen Kreditnehmer
Ein Kredit ist die Überlassung	als Schuldner bezeichnet werden
Das Disagio	Kreditwürdigkeit des Kreditnehmers überprüft
Ein Kreditgeber kann	der Tilgung und den Zinsen
Grundschuld, Bürgschaft und Sicherungsübereignung	innerhalb eines bestimmten Zeitraumes zurückbezahlt werden

3.5 Berechnungen im Kreditbereich (Zinsen, Laufzeit, Rückzahlung)

Aufgabe 77

In den folgenden Formeln im Bereich der Zinsrechnung haben sich Fehler eingeschlichen. Finde, markiere und verbessere diese.

$$\text{Kapital (K)} = \frac{t \bullet 100 \bullet 360}{p \bullet P}$$

→ Korrekte Formel:

$$\text{Zinsen (Z)} = \frac{K \bullet p}{100 \bullet 365}$$

→ Korrekte Formel:

$$\text{Zinssatz (p)} = \frac{Z \bullet 180 \bullet 360}{K \bullet p}$$

→ Korrekte Formel:

$$\text{Zeit (t)} = \frac{K \bullet p}{Z \bullet 100}$$

→ Korrekte Formel:

Aufgabe 78

Das Unternehmen Velo-Conrad hat mehrere Kredite bei verschiedenen Banken aufgenommen. Berechne zu den einzelnen Krediten und den dazugehörigen Zahlen die gesuchten Größen unter Anwendung der jeweiligen Formel.

Kreditgeber	**Kapital**	**Zinssatz p.a.**	**Laufzeit**	**Zinsen**
Kredit 1 - Goldbank	13.500,00 €	???	50 Tage	84,38 €
Kredit 2 - Netbank365	150.000,00 €	1,76 %	15 Monate	???
Kredit 3 - Bankhaus Rot	75.000,00 €	2,08 %	???	7.800,00 €
Kredit 4 - Sparbank	???	3,25 %	307 Tage	14.966,25 €

Lösung:

Aufgabe 79

Das Unternehmen Velo-Conrad möchte einen Kredit in Höhe von 550.000,00 € bei der Goldbank Würzburg aufnehmen, damit eine neue Lagerhalle gebaut werden kann. Folgende Konditionen hat Herr Conrad von der Goldbank erhalten:

Sehr geehrter Herr Conrad,

wir bedanken uns für Ihre Anfrage.
Wir können Ihnen einen Kredit zu folgenden Konditionen anbieten:

Zinssatz p.a.: 2,24 %

Laufzeit: 8 Jahre

Mit freundlichen Grüßen

Ihre Goldbank

1. Leider kann Herr Conrad aus dem Angebot der Bank nicht herauslesen, wie viele Zinsen er zahlen muss. Er bittet dich darum, diese Aufgabe zu übernehmen und die Zinsen zu berechnen.

Lösung:

2. Zeige auf, wie hoch die Summe ist, die das Unternehmen Velo-Conrad an die Goldbank Würzburg insgesamt zurückzahlen muss.

Lösung:

Aufgabe 80

Ermittle die Zinstage zu den jeweiligen Kreditlaufzeiten.

1. 03.01.2023 bis 15.06.2023

Lösung:

2. 01.01.2023 bis 28.02.2023

Lösung:

3. 25.11.2023 bis 01.06.2024

Lösung:

4. 23.08.2022 bis 12.05.2024

Lösung:

Aufgabe 81

Vom 09.03. bis zum 21.05.20.. hat das Unternehmen Holzmann 84,18 € Zinsen bei einem Zinssatz von 3,05 % p.a. gezahlt. Wie hoch war die aufgenommene Kreditsumme? Berechne.

Lösung:

Aufgabe 82

Ihrer Hausbank überweist das Unternehmen Velo-Conrad zur Kredittilgung 40.378,00 € inklusive 1,89 % Zinsen p.a..

1. Ermittle die Laufzeit des Kredits, wenn die ursprüngliche Kreditsumme 40.000,00 betrug.

Lösung:

2. Gib an, zu welchem Datum der Kredit zurückgezahlt ist, wenn er am 13.03.2022 aufgenommen wurde.

Lösung:

Aufgabe 83

Wie hoch ist die Rückzahlung für folgende Kredite?

Kreditgeber	**Kapital**	**Zinssatz**	**Aufnahme**	**Rückzahlung**
Kredit 1 - Goldbank	9.000,00 €	7,75 % p.a.	16.03.2023	30.06.2023
Kredit 2 - Netbank365	2.000,00 €	8 % p.a.	05.10.2023	31.01.2024

Lösung:

Aufgabe 84

Herr Holzmann überlegt zur Erweiterung des Firmengeländes den Kauf eines neuen Grundstücks. Das Grundstück soll 850.000,00 € kosten. Ein Teil der Kosten für das Grundstück kann aus eigenen Mitteln in Höhe von 250.000,00 finanziert werden.

1. Berechne die Höhe der notwendigen Kreditsumme, die Herr Holzmann für den Kauf des Grundstücks benötigt.

Lösung:

2. Herr Holzmann hat für die Finanzierung des Grundstücks Angebote von zwei Banken vorliegen. Zeige auf, wie hoch die jeweilige Rückzahlungssumme am Ende der Laufzeit ist.

Kreditangebot 1 - Netbank 365

Laufzeit: 10 Jahre
Zinssatz: 2,09 % p.a.

Leider können wir statt der gewünschten 12 Jahre, nur eine Laufzeit von 10 Jahren anbieten.

Kreditangebot 2 - Sparbank

Laufzeit: 12 Jahre
Zinssatz: 1,90 % p.a.

Lösung:

3. Herr Holzmann hätte gerne 12 Jahre Zeit gehabt, den Kredit zurückzuzahlen. Nach Rücksprache mit der Buchhaltungsabteilung kann das Unternehmen dies jedoch auch in 10 Jahren schaffen. Für welches der beiden Angebote sollte sich Herr Holzmann entscheiden? Begründe.

____

____

____

Aufgabe 85

Im Unternehmen Velo-Conrad herrscht Aufregung. Ein Serverproblem hat dazu geführt, dass viele Daten durcheinandergeraten sind. Gerade heute muss sich Herr Conrad zwischen zwei Kreditangeboten (Laufzeit und Kreditsumme sind jeweils identisch) für die Anschaffung neuer LKWs entscheiden. Der IT-Spezialist im Unternehmen Velo-Conrad konnte noch ein paar Zahlen „retten". Herr Conrad möchte, dass du die Berechnungen durchführst, die Tabelle ausfüllst und ihm so schnell wie möglich eine Empfehlung für eines der beiden Kreditangebote abgibst.

	Kredit A	**Kredit B**
Kreditsumme	**285.000,00 €**	
Laufzeit		**36 Monate**
Zinssatz	**2,89 % p.a.**	
Zinsen		**23.683,50 €**
Schuldendienst		

Lösung:

Deine Empfehlung an Herrn Conrad inkl. Begründung.: ______________________________

____

3.6 Der effektive Zinssatz

Aufgabe 86

Die Kreditbank bietet dem Unternehmen Holzmann einen Kredit über 250.000,00 € zur Unternehmenserweiterung zu folgenden Konditionen an:

Laufzeit 5 Jahre, Disagio 1 %, Zinssatz 1,84 % p.a.

Eine Konkurrenzbank würde den Kredit zu effektiv 2,01 % anbieten. Ermittle, welches Angebot günstiger ist.

Lösung:

Aufgabe 87

Das Unternehmen Velo-Conrad hat sich entschieden, die Produktionshalle erweitern zu lassen. Im Zusammenhang damit muss Herr Conrad einen Kredit in Höhe von 720.000,00 € aufnehmen. Im Laufe der letzten Woche war er bei drei Banken, um sein Vorhaben vorzustellen und die Konditionen für einen möglichen Kredit zu erfahren. Folgende Übersicht über die einzelnen Kreditkonditionen hat er erstellt:

	Laufzeit	**Zinssatz**	**Disagio**
Goldbank	5 Jahre	3,20 % p.a.	1,30 %
Sparbank	5 Jahre	3,08 % p.a.	1,50 %

Herr Conrad benötigt deine Hilfe. Ermittle rechnerisch, welches der drei Angebote das günstigere ist und gib an, für welche Bank sich Herr Conrad entscheiden soll.

Lösung:

Aufgabe 88

Herr Holzmann ist treuer Leser der Zeitschrift „Wirtschaft heute“. Besonders interessant waren für ihn die Informationen in folgendem Zeitungsartikel.

Der effektive Zinssatz alleine reicht nicht aus!

München. Leider verlassen sich noch viele Unternehmen bei ihrer Entscheidung für ein Kreditangebot ausschließlich auf den effektiven Zinssatz. Herr Müller, Vorsitzender der Beratungsstelle für Kreditwesen in München, rät dazu, noch weitere Kriterien für die Beurteilung einer Kreditaufnahme zu betrachten. Müller äußerte sich auf Nachfrage so: „Mit dem effektiven Zinssatz ist es möglich, Kreditangebote mathematisch zu vergleichen. Man berechnet den Zinssatz und der Unternehmer entscheidet sich dann für den Kredit, mit dem niedrigeren effektiven Zinssatz. Der Zinssatz gibt jedoch nicht an, ob sich diese Investition auch innerhalb der Kreditlaufzeit rechnet. Nehmen wir folgendes Beispiel: Ein Unternehmer lässt eine neue, größere Produktionshalle bauen, um mehr Fertigerzeugnisse herstellen und verkaufen zu können. Ist die Nachfrage nach seinen Produkten während der Kreditlaufzeit jedoch nicht gestiegen oder gar gesunken, wird sich die kreditfinanzierte Investition für den Unternehmer nicht rechnen. Über solche Überlegungen gibt der effektive Zinssatz keine Auskunft. Daher rate ich jedem Unternehmer bei einer Kreditaufnahme nicht nur den effektiven Zinssatz, sondern weitere Kriterien zu beachten, die nicht berechnet werden können...

RICHTIG oder FALSCH? Kreuze an und verbessere die Aussage, falls diese falsch sein sollte.

1. Mit dem effektiven Zinssatz ist es möglich, Kreditangebote mathematisch miteinander zu vergleichen.

☐ R ☐ F

____

2. Je niedriger der effektive Zinssatz für einen Kredit ist, desto teurer ist dieser.

☐ R ☐ F

____

3. Bei der Entscheidung für einen Kredit sollten auch Kriterien eine Rolle spielen, die nicht berechnet werden können.

☐ R ☐ F

____

3.7 Buchungen im Kreditbereich

Aufgabe 89

Im Unternehmen Holzmann sind die Buchungssätze zu folgenden Geschäftsfällen zu bilden.

1. Die Kreditbank schreibt auf dem Firmenkonto ein Darlehen über 60.000,00 € gut. Die Laufzeit beträgt 20 Monate.

2. Die Goldbank bucht 500,00 € Zinsen vom Bankkonto ab.

3. Auszahlung eines Kredits auf das Bankkonto, Laufzeit 10 Jahre, Disagio 1,50 %, Kreditsumme 1.100.000,00 €.

4. Für einen Kredit (21.000,00 €, 2,50 % p.a.) mit einer Laufzeit von 180 Tagen werden die Zinsen vom Bankkonto abgebucht.

5. Die Sparbank bucht vom Firmenkonto 350,00 € Zinsen für ein Darlehen (Laufzeit 2 Jahre) und 1.200,00 € für die Tilgung ab.

Aufgabe 90

Folgender Beleg liegt dir vor. Bearbeite die folgenden Aufgaben.

Goldbank Würzburg E-Mail: infokredit-wue@t-online.de IBAN DE02 7908 0001 0000 1543 31 BIC HGENDEDA			Auszug/Jahr 65/20..	Blatt-Nr. 1 von 1
Buchungstag	Wert	Vorgang	**Kontoauszug**	**€-Konto**
04.07.	04.07.	Tilgung Kredit (Nr. 2378), Laufzeit 4 Monate, Juli		300,00 S
		Zinsen Kredit (Nr. 2378), Juli		23,00 S
Herrn/Frau/Firma G. Holzmann e. K. Gewerbestraße 2 97074 Würzburg			Alter Kontostand Neuer Kontostand	2.345,00 H 2.022,00 H
KONTO - KARTEN - KREDITE WIR BERATEN SIE GERN			Letzte Erstellung: 03.07.20.. Erstellungstag: 04.07.20../10:54	

1. Bilde den Buchungssatz.

2. Wie hoch war die ursprünglich aufgenommene Kreditsumme.

Lösung:

Aufgabe 91

Das Unternehmen Velo-Conrad hat vom 25.03.2023 bis zum 10.12.2023 einen Kredit zu 3,45 % p.a. in Höhe von 12.000,00 € aufgenommen.

1. Am 10.12.2023 muss das Unternehmen Velo-Conrad den Kredit in voller Höhe einschließlich der Zinsen zurückzahlen. Ermittle die Höhe dieser Summe.

Lösung:

2. Wie lautet der Buchungssatz für die Rückzahlung (Tilgung und Zinszahlung) am 10.12.2023 per Banküberweisung.

Aufgabe 92

Die Goldbank schreibt dem Unternehmen Holzmann ein Darlehen mit einer Laufzeit von 4 Jahren auf dem Geschäftsbankkonto gut. Der Auszahlungsbetrag beträgt 121.875,00 €, Disagio 2,50 %, 2,70 % p.a. (Zins)

1. Berechne die Höhe der aufgenommenen Kreditsumme.

Lösung:

2. Erstelle den Buchungssatz für die Bereitstellung des Kredits auf dem Geschäftsbankkonto.

3. Bilde den Buchungssatz für die Rückzahlung des Kredits inklusive Zinsen am Ende der Laufzeit.

Aufgabe 93

Im Unternehmen Velo-Conrad wurde folgender Buchungssatz erstellt. Bearbeite hierzu die folgenden Aufgaben.

2800 BK	250.000,00 €	an	4250 LBKV	250.000,00 €

1. Welche Aussage kannst du anhand des Buchungssatzes über die Laufzeit des Kredits treffen?

2. Formuliere den zum Buchungssatz passenden Geschäftsfall.

3. Das Unternehmen Velo-Conrad muss während der gesamten Laufzeit (900 Tage) Zinszahlungen in Höhe von insgesamt 15.625,00 € zahlen. Bestimme den hierfür zugrundeliegenden Zinssatz.

Lösung:

4. Erstelle den Buchungssatz für die vollständige Rückzahlung des Kredits (Tilgung und Zinsen) am Ende der Laufzeit per Banküberweisung.

4. Personalbereich und Unternehmereinkommen

Merkpunkte

- Der Unterschied zwischen **Bruttoverdienst** und **Nettoverdienst** besteht aus den gesetzlich vorgeschriebenen Abzügen.

- **Entgeltabrechnung**

Bruttolohn/-gehalt - Steuern • Lohnsteuer • Kirchensteuer • Solidaritätszuschlag* * Muss seit 2020 nur noch von AN mit sehr hohem Jahreseinkommen gezahlt werden, für alle anderen AN entfällt der SoliZ	→ Überweisung vom Arbeitgeber an das Finanzamt
- Sozialversicherungen (Arbeitnehmeranteil) • Rentenversicherung • Krankenversicherung • Arbeitslosenversicherung • Pflegeversicherung	→ Überweisung vom Arbeitgeber an die jeweilige Krankenkasse des Arbeitnehmers
= **Nettolohn/-gehalt**	→ Wird vom Arbeitgeber auf das Bankkonto des Arbeitnehmers überwiesen

- Um eine Entgeltabrechnung erstellen zu können, benötigt die Buchhaltung des Unternehmens (Arbeitgeber) mehrere Informationen zum jeweiligen Arbeitnehmer:

→ Lohnsteuerklasse des Arbeitnehmers

Es gibt sechs Lohnsteuerklassen → jeder Arbeitnehmer ist einer bestimmten Lohnsteuerklasse zugeordnet

Steuerklasse I	**kinderlos**, ledig, verwitwet oder geschieden
Steuerklasse II	**alleinerziehend**
Steuerklasse III	**verheiratet**, Alleinverdiener(in) oder Ehepartner(in) verdient weniger und ist in Steuerklasse V
Steuerklasse IV	**verheiratet**, beide Ehepartner(innen) verdienen ungefähr gleich viel
Steuerklasse V	**verheiratet**, Ehepartner(in) verdient mehr und ist in Steuerklasse III
Steuerklasse VI	gilt für das **zweite** und jedes **weitere Arbeitsverhältnis** → Arbeitnehmer hat mehrere Arbeitsstellen

→ Anzahl der Kinderfreibeträge des Arbeitnehmers

→ Religionszugehörigkeit

→ Höhe der Steuerabzüge lt. Lohnsteuertabelle

- **Lohnsteuer**: Abhängig von Bruttoentgelt und der jeweiligen Steuerklasse
- **Kirchensteuer**: 8 % von der Lohnsteuer in Bayern und Baden-Württemberg, 9 % von der Lohnsteuer in allen anderen Bundesländern (Stand Juli 2023)
- **Solidaritätszuschlag**: 5,5 % von der Lohnsteuer, seit 2020 muss dieser nur von Arbeitnehmern mit einem sehr hohen Jahreseinkommen gezahlt werden, für alle anderen Arbeitnehmer entfällt der Solidaritätszuschlag

→ Beitragssätze der Sozialversicherungen (Stand Juli 2023)

- Höhe der Beiträge ist abhängig vom Bruttoentgelt
- Die Beiträge zur Sozialversicherung tragen sowohl Arbeitnehmer (ANA zur SV) als auch der Arbeitgeber (AGA zur SV) zu je 50 %. (→ siehe Tabelle auf der nächsten Seite)

- Für die Berechnung der exakten Lohnsteuer kann der Arbeitgeber beim Bundeszentralamt für Steuern die nötigen ELStAM (**E**lektronischen **L**ohn**St**euer-**A**bzugs**M**erkmale) abrufen. Dazu benötigt er die Steuer-Identifikationsnummer des Arbeitnehmers (Steuer-ID, 13-stellig, ein ganzes Leben lang gültig, wird mit der Geburt mitgeteilt).

Beitragssätze der Sozialversicherungen (Stand Juli 2023)			
	Beitragssatz	Arbeitnehmeranteil (ANA zur SV)	Arbeitgeberanteil (AGA zur SV)
Rentenversicherung	**18,60 %**	**9,30 %**	**9,30 %**
Krankenversicherung	**14,60 %**	**7,30 % ***	**7,30 %**
Pflegeversicherung	**3,40 %**	**1,70 %** - Zuschlag 0,60 % für kinderlose AN, die 23 Jahre oder älter sind - Ab 2 Kindern wird der Beitrag um 0,25 % je Kind bis zum fünften Kind weiter abgesenkt	**1,70 %**
Arbeitslosenversicherung	**2,60 %**	**1,30 %**	**1,30 %**

* Benötigen die Krankenkassen mehr Geld, können diese Zusatzbeiträge erheben. Diese werden zu 50 % vom AN und 50 % vom AG bezahlt.

- Der gesamte Lohnaufwand besteht aus dem Bruttoentgelt („Erster Lohn“) und den **Personalzusatzkosten** (Lohnnebenkosten, „Zweiter Lohn“)

Überblick Personalzusatzkosten	
gesetzlich	**tariflich/betrieblich (Beispiele)**
Arbeitgeberanteil zur Sozialversicherung	Urlaubsgeld
Beitrag zur Unfallversicherung	Sonderzahlungen (z. B. Weihnachtsgeld, 13. Monatsgehalt)
Lohnfortzahlung im Krankheitsfall	Betriebliche Altersvorsorge
Vergütung arbeitsfreier Tage (Urlaub, Feiertage)	Abfindungen bei Entlassungen
	Vermögenswirksame Leistungen
	Erfolgsorientierte Zusatzvergütung
	Beteiligung an Weiterbildungskosten
	Zuschuss zu den Kosten des Arbeitswegs, Kindergarten, Betriebskantine

- Löhne, Gehälter, Ausbildungsvergütungen usw. stellen für den Arbeitnehmer ein Einkommen dar → für den Arbeitgeber (Unternehmer) jedoch einen Aufwand

- **Buchhalterische Erfassung** des Personalaufwands

→ Erfassung des Personalaufwands
→ Zwei Buchungssätze:
1. Erfassung der Lohn- und Gehaltsabrechnung an die Arbeitnehmer
2. Erfassung des Arbeitgeberanteils zur Sozialversicherung

6200 LG	an	2800 BK 4830 VFA 4840 VSV (Arbeitnehmeranteil!)	1.Erfassung der Lohn- und Gehaltsabrechnung
6400 AGASV	an	4840 VSV (Arbeitgeberanteil!)	2. Erfassung des Arbeitgeberanteils zur Sozialversicherung

→ Überweisung der einbehaltenen Steuern

4830 VFA	an	2800 BK

→ Überweisung der gesamten Sozialversicherungsbeiträge (Arbeitnehmer- und Arbeitgeberanteil)

4840 VSV	an	2800 BK

❍ Unternehmerlohn

→ Entspricht dem Gewinn eines Unternehmens am Ende des Jahres, setzt sich zusammen aus:
- → dem eigentlichen Lohn für den Unternehmer
- → der Kapitalverzinsung für das eingebrachte Eigenkapital
- → der Risikoprämie für einen eventuellen Verlust

→ Der Gewinn eines Unternehmens muss gegenüber dem Finanzamt versteuert werden (Einkommenssteuer, Kirchensteuer, Solidaritätszuschlag) → wird über das Konto **3001 P** erfasst

❍ Ein Einzelunternehmen führt ein **Privatkonto** im Unternehmen → **3001 P**

- Es handelt sich dabei um ein Unterkonto des Kontos 3000 EK (Eigenkapital)
- Notwendig zur Unterscheidung von Privat- und Betriebsvermögen
- Der Unternehmer darf aus dem Unternehmen für private Zwecke Geld und Vermögenswerte entnehmen → **Privatentnahme**
  ODER
  Geldmittel und Vermögenswerte aus seinem Privatvermögen in das Unternehmen einbringen → **Privateinlage**

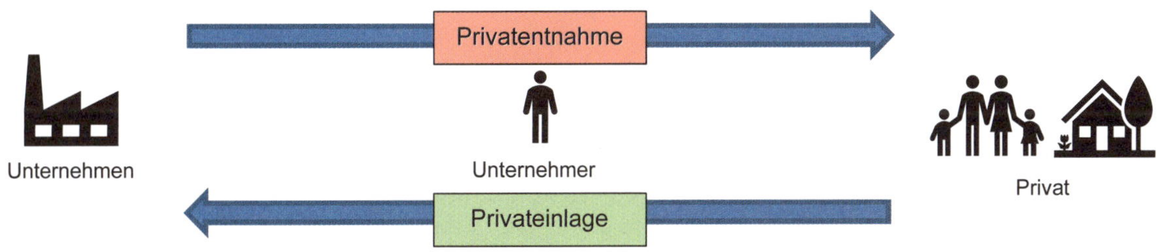

- Durch eine Privateinlage oder eine Privatentnahme ändert sich das Eigenkapital eines Unternehmens
  → Privatentnahmen reduzieren das Eigenkapital
  → Privateinlagen erhöhen das Eigenkapital

Beispiele für Privatentnahmen	Beispiele für Privateinlagen
• Übernahme von Sachanlagegütern aus dem Unternehmen in das Privatvermögen (z. B. Firmenwagen, Grundstück) • Einkommen- und Kirchensteuer, Grundsteuer für ein privates Grundstück, Kfz-Steuer für ein privat genutztes Auto • Private Angelegenheiten werden aus Mitteln des Unternehmens (z. B. Bankkonto oder Bargeldbestand) beglichen	• Übernahme von Sachanlagegütern aus dem Privatvermögen in das Unternehmen (z. B. Pkw, Grundstück) • Private Einzahlungen auf das Bankkonto oder in die Kasse des Unternehmens

- **Buchhalterische Erfassung** - Privatkonto 3001 P

→ Privatentnahme

3001 P	an	2800 BK *

→ Privateinlage

2800 BK *	an	3001 P

* weitere mögliche Konten sind: 2880 KA, 0500 GR etc. - je nachdem, worum es sich bei der jeweiligen Privateinlage oder Privatentnahme handelt.

→ Private Steuern (Einkommensteuer, Solidaritätszuschlag, Kirchensteuer → Unternehmerlohn)

3001 P	an	2800 BK

→ **Abschluss** des Kontos 3001 P

- Erfolgt über das Konto 3000 EK
- 2 Möglichkeiten:

→ Privatentnahmen > Privateinlagen (Eigenkapital nimmt ab)

3000 EK	an	3001 P

→ Privatentnahmen < Privateinlagen (Eigenkapital nimmt zu)

3001 P	an	3000 EK

4.1 Die Entgeltabrechnung

Aufgabe 94

Die Verdienstabrechnung des Mitarbeiters Stefan Lübke muss noch vervollständigt werden. Herr Holzmann hat dich gebeten, diese Aufgabe zu übernehmen.

Holzmann e. K. - Inhaber Georg Holzmann Gewerbestraße 2 97974 Würzburg			
Verdienstabrechnung | Bitte sorgfältig aufbewahren - dient zur Vorlage bei Behörden	Abrechnung Monat/Jahr **Mai/20..**		
Stefan Lübke Gartenstraße 4 97236 Randersacker	Personalnummer: Geburtsdatum: Eintrittsdatum:	123-098 15.11.20..(20 Jahre) 01.09.20..	Steueridentifikationsnr. 8456773495674
	Lohnsteuerklasse: Familienstand: Kinderfreibetrag: Religion:	I ledig 0 röm.-kath.	
Steuerpflichtiges Bruttogehalt		**2.120,00 €**	
- Lohnsteuer	201,66 €		
- Kirchensteuer			
Abzüge Steuern gesamt			
	154,76 €		
- Rentenversicherung			
- Arbeitslosenversicherung			
	32,33 €		
Abzüge Sozialversicherung gesamt	**409,69 €**	**409,69 €**	
Summe der Abzüge			
Nettogehalt (Auszahlung)			
Auszahlung auf folgende Bankverbindung: DE 10 0000 5678 4567 0098 56, BIC BYLADEM1XYU, Goldbank Würzburg			

Nebenrechnungen:

Aufgabe 95

Betrachte die Verdienstabrechnung in der vorigen Aufgabe und kreuze an, ob die folgenden Aussagen richtig oder falsch sind. Sollte die Aussage falsch sein, korrigiere diese.

1. Die Verdienstabrechnung ist für den Monat Mai erstellt worden.

____ R ☐ F ☐

2. Herr Georg Holzmann ist der Arbeitnehmer, für den diese Verdienstabrechnung ausgestellt wird.

____ R ☐ F ☐

3. Der Arbeitnehmer ist der Lohnsteuerklasse II zugeordnet, ledig und evangelisch.

____ R ☐ F ☐

4. Seit dem 01.04.20.. arbeitet der Arbeitnehmer für das Unternehmen Holzmann.

____ R ☐ F ☐

5. Die Berechnungsgrundlage für den Solidaritätszuschlag und die Kirchsteuer ist das steuerpflichtige Bruttogehalt.

____ R ☐ F ☐

6. Der Arbeitgeberanteil zur Sozialversicherung beträgt 409,69 €.

____ R ☐ F ☐

Aufgabe 96

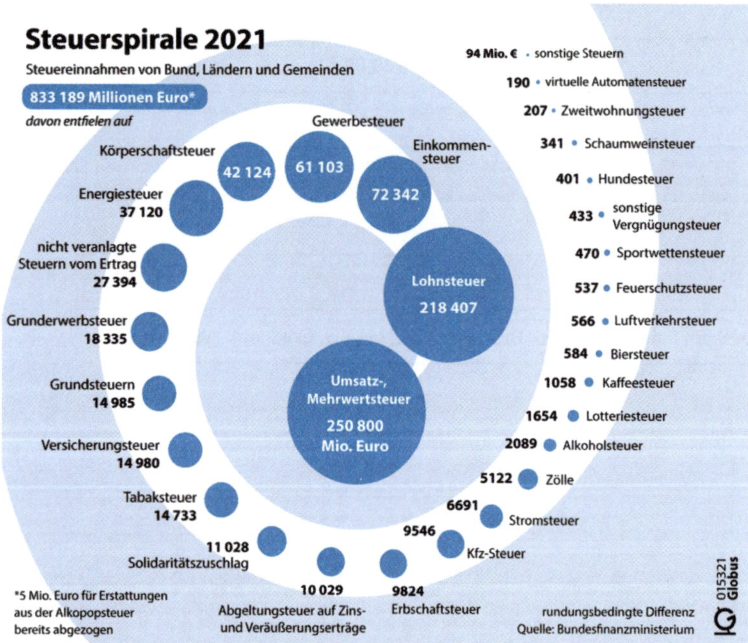

1. Berechne den prozentualen Anteil der Lohnsteuer in Bezug auf die gesamten Steuereinnahmen.

Lösung:

2. Erläutere, weshalb in dieser Infografik keine Kirchensteuer aufgelistet ist.

____

____

3. Gib die Höhe des abgeführten Solidaritätszuschlags in Millionen und Milliarden Euro an.

____

4. Nenne die Steuer, die dem Staat die meisten Steuereinnahmen einbrachte.

____

5. Im Jahr 2020 wurden Gesamtsteuereinnahmen in Höhe von 739.704 Mio. € erzielt. Ermittle den prozentualen Unterschied zwischen 2020 und 2021.

Lösung:

Aufgabe 97

Auf deinem Schreibtisch befindet sich die Kopie einer Lohnsteuertabelle.

Auszug aus der Monatslohnsteuertabelle 2020, Teil West, Kirchensteuer 8 %				
			ohne Kinderfreibetrag	
ab €	Stk	Lohnsteuer	SolZ	KiSt
2.598,00	I	309,91	-	24,79
	II	265,41	-	-
	III	85,61	-	6,81
	IV	309,91	-	24,79
	V	592,50	-	47,40
	VI	626,66	-	50,13
2,601,00	I	310,66	-	24,85
	II	266,08	-	-
	III	85,66	-	6,85
	IV	310,66	-	24,85
	V	593,50	-	47,48
	VI	627,66	-	50,21

1. Berechne den Nettolohn der Mitarbeiterin Susanne Neustadt im Unternehmen Velo-Conrad. Frau Neustadt ist 24 Jahre alt, erhält einen Bruttolohn in Höhe von 2.600,00 €, ist römisch-katholisch, ledig und hat keine Kinder.

2. Wie viel Prozent - bezogen auf den Bruttolohn - machen die gesamten Steuerabzüge aus?

3. Gib die Lohnsteuerklasse sowie die Höhe der Lohnsteuer in € an, wenn Frau Neustadt verheiratet wäre und ihr Ehepartner ungefähr gleich viel verdient.

4. Die Kirchensteuer beträgt 8 % von der Lohnsteuer. Wäre dies auch der Fall, wenn Frau Neustadt anstatt in Würzburg in Berlin arbeiten würde?

→ Gib deine Lösungen auf der nächsten Seite an.

Lösung Aufgabenteil 1:

Lösung Aufgabenteil 2:

Lösung Aufgabenteil 3:

Lösung Aufgabenteil 4:

Aufgabe 98

Verbinde die Kästchen miteinander, die sinngemäß zusammengehören.

In Steuerklasse VI sind	Gehälter Aufwendungen.
Für das Unternehmen sind Löhne und	sind Bestandteile der Sozialversicherung.
Die Renten- und Krankenversicherung	beträgt 5,5 % von der Lohnsteuer.
Der Solidaritätszuschlag	von Arbeitnehmer und Arbeitgeber gezahlt.
Die Beiträge zur Sozialversicherung werden je zur Hälfte	Arbeitnehmer, die mehrere Arbeitsverhältnisse haben.

Aufgabe 99

Fülle deinen eigenen Lohnzettel (graue Felder) aus. Annahme: Du bist 30 Jahre alt und hast keine Kinder.

Lohn bis €	Steuer-klasse	Lohn-steuer	Ohne Kinderfreibeträge	
2.030,99			5,5 % (SoliZ)	8 % (Ki.-St.)
	I	180,50	--	14,44
	II	139,75	--	--
	III	--	--	--
	IV	180,50	--	14,44
	V	418,33	--	33,46
	VI	448,16	--	35,85

Lohn bis €	Steuer-klasse	Lohn-steuer	Ohne Kinderfreibeträge	
2.033,99			5,5 % (SoliZ)	8 % (Ki.-St.)
	I	181,16	--	14,49
	II	140,41	--	--
	III	--	--	--
	IV	181,16	--	14,49
	V	419,16	--	33,53
	VI	449,16	--	35,93

<table>
<tr><td colspan="5">Velo-Conrad e.K.
Gewerbestraße 3
97074 Würzburg</td></tr>
<tr><td colspan="3">Herr/Frau</td><td></td><td></td></tr>
<tr><td></td><td></td><td></td><td></td><td></td></tr>
<tr><td>Ist-Std.</td><td>Überstd.</td><td>Lohnsatz</td><td>Konfession</td><td>Steuerklasse</td></tr>
<tr><td>152</td><td>--</td><td>13,38</td><td>rk/ev</td><td>I</td></tr>
<tr><td colspan="5">Lohnabrechnung
Berechnung des monatlichen Bruttobetrags für die Zeit vom 01.04. bis 30.04.20..</td></tr>
<tr><td colspan="4">Gesamtbruttobetrag</td><td></td></tr>
<tr><td colspan="5">Abzüge</td></tr>
<tr><td colspan="4">Lohnsteuer</td><td></td></tr>
<tr><td colspan="4">Kirchensteuer</td><td></td></tr>
<tr><td colspan="4">Solidaritätszuschlag</td><td></td></tr>
<tr><td></td><td>Prozentsatz</td><td colspan="3"></td></tr>
<tr><td>Arbeitslosenversicherung</td><td></td><td colspan="2"></td><td></td></tr>
<tr><td>Krankenversicherung</td><td></td><td colspan="2"></td><td></td></tr>
<tr><td>Rentenversicherung</td><td></td><td colspan="2"></td><td></td></tr>
<tr><td>Pflegeversicherung</td><td></td><td colspan="2"></td><td></td></tr>
<tr><td colspan="4">Abzüge insgesamt</td><td></td></tr>
<tr><td colspan="4">Nettolohn (auszuzahlender Betrag)</td><td></td></tr>
</table>

4.2 Personalzusatzkosten

Aufgabe 100

1. Gesetzliche oder tarifliche Personalzusatzkosten? Kreuze jeweils die richtige Lösung an.

Personalzusatzkosten - Beispiele	gesetzlich	tariflich
Beitrag zur Unfallversicherung		
Urlaubsgeld		
Lohnfortzahlung im Krankheitsfall		
Zuschuss zur Betriebskantine		
Arbeitgeberanteil zur Sozialversicherung		
Bezahlter Urlaub		
Betriebliche Altersvorsorge		
Bezahlte Feiertage		
Weihnachtsgeld		
Vermögenswirksame Leistungen		
Übernahme von Fortbildungskosten		
13. Monatsgehalt		

2. „Zweiter Lohn“ - Diese Bezeichnung wird oft im Zusammenhang mit den Personalzusatzkosten genannt. Erläutere weshalb.

____

____

____

Aufgabe 101

Herr Conrad gibt ein Interview für den Wirtschaftsbereich einer Würzburger Tageszeitung. Bearbeite die folgenden Aufgaben auf Basis der darin enthaltenen Informationen.

Tageszeitung: Herr Conrad, beschreiben Sie doch einmal kurz Ihre derzeitige wirtschaftliche Situation.

Conrad: Die letzten Jahre waren nicht ganz einfach für uns. Der Umsatz ist gestiegen, aber die Kosten stiegen im Verhältnis dazu überdurchschnittlich an.

Tageszeitung: Sie sagen, die Kosten haben zugenommen. Unsere Leser interessiert natürlich, in welchen Bereichen.

Conrad: Das kann ich Ihnen ganz leicht erklären. Erst einmal mussten wir feststellen, dass die Metallpreise auf dem Weltmarkt gestiegen sind, da die Nachfrage weiterhin hoch ist. Auch die Kosten für Energie wie bspw. Strom, Gas oder Erdöl sind in den letzten Jahren gestiegen. Ein besonders intensiver Kostenfaktor sind die Lohnkosten in unserer Branche.

Tageszeitung: Können Sie uns das genauer aufzeigen?

Conrad: Sehr gerne. Wie Sie wissen, setzten sich die Arbeitskosten aus den Bruttoverdiensten und den Lohnnebenkosten zusammen. Im Jahr 2019 zahlten die Arbeitgeber in Deutschland in unserer Branche auf 100 Euro Bruttoverdienst zusätzlich 27 Euro Lohnnebenkosten.

Tageszeitung: Die Lohnnebenkosten im EU-Durchschnitt betragen allerdings 33 Euro. Somit liegt Deutschland im EU-Vergleich im Mittelfeld auf Platz 13.

Conrad: Da haben Sie Recht. Die Lohnnebenkosten sind in Schweden im EU-Vergleich (auf 100 Euro Bruttoverdienst kommen 48 Euro) am höchsten. Rumänien hat übrigens im EU-Vergleich die niedrigsten Lohnnebenkosten mit 5 Euro auf 100 Euro Bruttoverdienst.

Tageszeitung: Welche freiwilligen bzw. tariflichen Lohnnebenkosten zahlen Sie ihren Arbeitnehmern?

Conrad: Hier bieten wir unseren Angestellten einiges. Neben Urlaubs- und Weihnachtsgeld erhalten unsere Arbeitnehmer einen Zuschuss zur Betriebskantine, wir haben eine kostenlose Kindertagesstätte für die Kinder unserer Angestellten. Weiterhin zahlen wir Vermögenswirksame Leistungen und bieten eine Betriebsrente an.

Tageszeitung: Neben den gesetzlichen Lohnnebenkosten ist das ja einiges. Was versprechen Sie sich von diesem großen Angebot an freiwilligen Personalzusatzkosten?

Conrad: Das ist eine gute Frage. Wir möchten motivierte und engagierte Arbeitskräfte. Weiterhin ist der Arbeitsmarkt hart umkämpft. Gut ausgebildete Fachkräfte, auf die wir in unserem Unternehmen angewiesen sind, sind gefragt. Wir erhoffen uns mit unserem Angebot an freiwilligen Lohnnebenkosten, dass wir ein attraktives Unternehmen darstellen und die Arbeitnehmer gerne für uns arbeiten.

Tageszeitung: Herzlichen Dank für das Interview und viel Erfolg weiterhin.

1. Richtig oder Falsch? Kreuze an und verbessere die Aussage, falls diese falsch sein sollte.

a) Im Unternehmen Holzmann ist der Umsatz gesunken, die Kosten ebenso. ☐ **R** ☐ **F**

___

b) Im Jahr 2017 zahlen die deutschen Unternehmer ca. 17 Euro Lohnnebenkosten bezogen auf 100 Euro Nettoverdienst. ☐ **R** ☐ **F**

___

c) Im EU-Vergleich hat Rumänien die höchsten Lohnnebenkosten. ☐ **R** ☐ **F**

___

2. Stelle in einem Balkendiagramm die Lohnnebenkosten von Schweden, Deutschland und Rumänien dar.

Lösung:

3. Beantworte die folgenden Fragen.

a) In welchen weiteren Bereichen im Unternehmen Velo-Conrad haben die Kosten zugenommen?

b) Was verspricht sich Herr Conrad von dem breiten Angebot an Personalzusatzkosten?

c) Welche freiwilligen Personalzusatzkosten bietet das Unternehmen Velo-Conrad an (4 Beispiele).

Aufgabe 102

Gib an, welche Personalzusatzkosten vorliegen und ob diese freiwillig oder gesetzlich sind.

☐ gesetzlich ☐ freiwillig

☐ gesetzlich ☐ freiwillig

☐ gesetzlich ☐ freiwillig

☐ gesetzlich ☐ freiwillig

☐ gesetzlich ☐ freiwillig

•

☐ gesetzlich ☐ freiwillig

Aufgabe 103

Analysiere die folgende Infografik und bearbeite anschließend die Aufgabe.

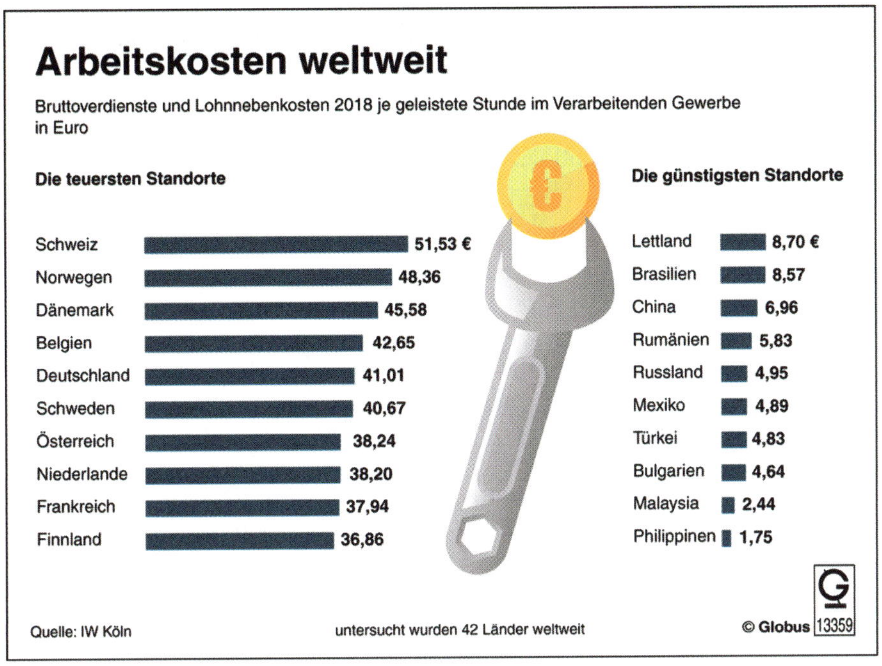

1. Gib die Quelle der Daten für die Informationsgrafik an. Recherchiere anschließend im Internet, um welche Einrichtung es sich dabei handelt.

2. Nenne jeweils die zwei Länder, in denen die Arbeitskosten pro Stunde am höchsten bzw. am niedrigsten sind.

3. Die Arbeitskosten setzen sich aus zwei Größen zusammen. Welche sind das?

4. Berechne den Unterschied der Arbeitskosten pro Stunde zwischen der Schweiz und Deutschland in Euro und Prozent.

Lösung:

4.3 Buchhalterische Erfassung des Personalaufwands

Aufgabe 104

In der Lohnbuchhaltung der Firma Holzmann ist aktuell viel tun. Erstelle die erforderlichen Buchungssätze zu folgenden Geschäftsfällen.

1. Banküberweisung: Bruttogehalt 2.484,32 €, Lohnsteuer 285,16 €, Kirchensteuer 22,81 €, ANA zur Sozialversicherung 500,63 €, AGA zur Sozialversicherung 500,63 €.

2. Lohnabrechnung für Frau Sticksel: Bruttolohn 1.450,00, Steuern gesamt: 234,38 €, ANA zur Sozialversicherung 290,37 €, AGA zur Sozialversicherung 290,37 €. Die Auszahlung erfolgt durch Banküberweisung.

3. Gehaltsabrechnung für Herrn Aydas: Nettogehalt 2.780,76 €, Bruttogehalt 4.000,00 €, ANA zur Sozialversicherung 801,00 €, AGA zur Sozialversicherung 801,00 €. Die Auszahlung erfolgt durch Banküberweisung.

4. Das Unternehmen Holzmann überweist die gesamten Beiträge zur Sozialversicherung (Nr. 1 bis Nr. 3) an die Krankenkasse.

5. Die einbehaltenen Steuerbeträge (Nr. 1 bis Nr. 3) leitet das Unternehmen Holzmann per Banküberweisung an das Finanzamt weiter.

Aufgabe 105

Deine Kollegin hat dir folgende Lohnliste zur Bearbeitung vorgelegt. Leider hat sie vergessen, diese vollständig auszufüllen (graue Lücken). Erledige du diese Aufgabe und erstelle im Anschluss daran die Buchungssätze zu den Geschäftsfällen.

Name	Bruttolohn	Steuer-klasse	Steuern	ANA SV	AGA SV	Überwei-sung
Krug		V	349,01	338,19	338,19	1.062,80
Walter	3.850,00	III	365,58	761,34	761,34	
Boos	2.670,00	I	355,05	522,65		1.792,30
Lipzki	4.200,00	I	791,00		881,33	2.527,67
Summe				**2.503,51**	**2.503,51**	

Nebenrechnungen:

1. Auszahlung der Löhne durch Banküberweisung.

2. Überweisung der einbehaltenen Steuerbeträge an das Finanzamt.

3. Wir überweisen die gesamten Sozialversicherungsbeiträge an die Krankenkasse.

4. Warum können sich die Anteile der Arbeitnehmer und Arbeitgeber zur Sozialversicherung unterscheiden?

Aufgabe 106

Im Unternehmen Holzmann liegen dir folgende Fakten zur Gehaltsabrechnung des Kollegen Thomas Walter vor. Herr Walter hat keine Kinder, ist 61 Jahre alt und evangelisch.

Bruttogehalt	3.450,00 €
Lohnsteuer	521,41 €
Krankenkassenbeitrag (AN)	251,85 €

1. Berechne die Kirchensteuer sowie die restlichen Bestandteile der Sozialversicherung (Arbeitnehmeranteil).

Nebenrechnungen:

2. Erstelle den Buchungssatz für die Auszahlung des Gehalts an Herrn Walter per Banküberweisung. Der Arbeitgeberanteil zur Sozialversicherung beträgt 676,20 €.

Aufgabe 107

In der Lohnbuchhaltung der Firma Holzmann liegen dir folgende Informationen vor.

Ulla Büchler ist kaufmännische Leiterin des Unternehmens Holzmann e. K.. Aus ihrem ELStAM ergeben sich folgende Informationen:
Geburtsdatum: 27.12.1969
Steuerklasse: IV/1,0 (Kinderfreibetrag)
Kirchensteuer: rk, Bayern

Weitere Informationen:

- Frau Büchler hat einen monatlichen Bruttoverdienst in Höhe von 6.890,00 €.
- Auszug aus der Lohnsteuertabelle:

Kinderfreibetrag			0		0,5		1		1,5	
ab €	StK	Steuer	SolZ	KiStr	SolZ	KiStr	SolZ	KiStr	SolZ	KiStr
6.888,00										
	1	1.662,33	29,67	132,98	12,19	121,24	-	109,50	-	97,78
	2	1.522,00	-	-	-	110,02	-	98,30	-	86,96
	3	1.085,16	-	86,81	-	77,93	-	69,30	-	60,92
	4	1.662,33	29,67	132,98	20,93	127,11	12,19	121,24	3,46	115,36
	5	2.139,16	86,41	171,13	-	-	-	-	-	-
	6	2.175,41	90,72	174,03	-	-	-	-	-	-
6.891,00										
	1	1.663,41	29,79	133,07	12,33	121,33	-	109,58	-	97,88
	2	1.523,16	-	-	-	110,11	-	98,39	-	87,05
	3	1.086,00	-	86,88	-	78,00	-	69,37	-	60,98
	4	1.663,41	29,79	133,07	21,07	127,20	12,33	121,33	3,59	115,46
	5	2.140,33	86,55	171,22	-	-	-	-	-	-
	6	2.176,58	90,86	174,12	-	-	-	-	-	-
6.894,00										
	1	1.664,58	29,93	133,16	12,47	121,42	-	109,68	-	97,97
	2	1.524,33	-	-	-	110,20	-	98,48	-	87,14
	3	1.086,83	-	86,94	-	78,06	-	69,44	-	61,04
	4	1.664,58	29,93	133,16	21,21	127,30	12,47	121,42	3,73	115,55
	5	2.141,50	86,69	171,32	-	-	-	-	-	-
	6	2.177,75	91,00	174,22	-	-	-	-	-	-

1. Gib die Informationen an, die du mit der Bezeichnung IV/1,0 gewinnen kannst.

____

____

2. Berechne die Beiträge zur Sozialversicherung, die Ulla Büchler zahlen muss. (Anmerkung: Frau Büchler muss keinen Zusatzbeitrag zur Krankenkasse zahlen). Fülle die folgende Tabelle dazu aus.

Sozialversicherung	**Prozentsatz**	**Beitrag in €**
Rentenversicherung		
Arbeitslosenversicherung		

Nebenrechnungen:

3. Erstelle eine Gehaltsabrechnung für Frau Büchler und berechne im Zusammenhang damit das Nettogehalt. Verwende für die Beträge der zu zahlenden Steuern die Informationen aus der Lohnsteuertabelle.

Lösung:

4. Für einen Großteil der Arbeitnehmer ist der Solidaritätszuschlag komplett abgeschafft worden. Frau Büchler zahlt allerdings trotzdem einen Solidaritätszuschlag. Erläutere den Grund hierfür.

____

____

5. Bilde den Buchungssatz für die Auszahlung des Gehalts per Banküberweisung durch das Unternehmen Holzmann.

6. Erstelle den Buchungssatz für die Überweisung der gesamten Steuerbeträge an das Finanzamt.

7. Überweisung der gesamten Sozialversicherungsbeiträge. Wie lautet der Buchungssatz?

8. An wen überweist das Unternehmen Holzmann die einbehaltenen Sozialversicherungsbeiträge?

____

4.4 Das Privatkonto inkl. Unternehmerlohn

Aufgabe 108

Herr Holzmann macht sich folgende handschriftliche Notiz am Ende des Geschäftsjahres 2020.

Gewinn zum 31.12.2020	250.000,00 €
- Unternehmerlohn	80.000,00 €
= Restbetrag Gewinn des Unternehmens	170.000,00 €

1. Welche Aussagen sind richtig? Kreuze an.

a) Ein Unternehmer muss sich den Gewinn eines Unternehmens komplett als Unternehmerlohn auszahlen.
☐ R ☐ F

b) Ein Unternehmer erhält den Unternehmerlohn für seine Arbeitsleistung im Unternehmen.
☐ R ☐ F

c) Der Unternehmerlohn setzt sich zusammen aus dem Entgelt für die getätigte Arbeit, einer Risikoprämie sowie einer Kapitalverzinsung.
☐ R ☐ F

d) Der Gewinn eines Einzelunternehmens muss nicht versteuert werden.
☐ R ☐ F

2. Gib zwei Beispiele an, wofür das Unternehmen Holzmann den Restgewinn in Höhe von 170.000,00 € verwenden könnte.

____

3. Herr Holzmann muss beim Finanzamt eine Einkommensteuererklärung abgeben, um den Gewinn seines Unternehmens zu versteuern. Im Anschluss daran erhält er einen Einkommensteuerbescheid mit einer Zahlungsaufforderung. Kreuze an, welche drei Steuerarten Herr Holzmann an das Finanzamt abführen muss.

☐ Vorsteuer	☐ Grunderwerbsteuer	☐ Einkommensteuer	☐ Grundsteuer
☐ Kirchensteuer	☐ KFZ-Steuer	☐ Solidaritätszuschlag	☐ Erbschaftssteuer

4. Vom Geschäftsbankkonto überweist Herr Holzmann seine private Einkommensteuer, Kirchensteuer und Solidaritätszuschlag, Betrag 2.750,00 €. Wie lautet der Buchungssatz?

Aufgabe 109

Herr Holzmann hat während des laufenden Geschäftsjahres einige Privatentnahmen und -einlagen getätigt. Entscheide, welche der beiden Möglichkeiten bei den folgenden Beispielen vorliegt.

1. Herr Holzmann überweist die Arztrechnung für eines seiner Kinder vom Firmenkonto, 270,00 €.

   ☐ Privateinlage ☐ Privatentnahme

2. Im Ferienhaus von Herrn Holzmann wurden Reparaturen in Höhe von brutto 11.900,00 € durchgeführt. Die Zahlung erfolgt über das Geschäftsbankkonto.

   ☐ Privateinlage ☐ Privatentnahme

3. Herr Holzmann hat von seinem verstorbenen Onkel 15.000,00 € geerbt. Diese zahlt er auf das Firmenbankkonto ein.

   ☐ Privateinlage ☐ Privatentnahme

4. Für den anstehenden Familienurlaub nimmt sich Herr Holzmann 800,00 € aus der Firmenkasse.

   ☐ Privateinlage ☐ Privatentnahme

5. Herr Holzmann betankt das private Auto seiner Frau. Er zahlt 60,00 € brutto mit der EC-Karte des Geschäftsbankkontos.

   ☐ Privateinlage ☐ Privatentnahme

6. Das Unternehmen Holzmann soll mit einer weiteren Lagerhalle erweitert werden. Hierzu möchte Herr Holzmann ein Grundstück nutzen, welches bisher zu seinem Privatvermögen gehörte. Der Wert des Grundstücks, welches er nun in das Unternehmen einbringt, beträgt 425.000,00 €.

   ☐ Privateinlage ☐ Privatentnahme

Aufgabe 110

Erstelle zu den Beispielen 1 bis 6 in Aufgabe 108 die dazugehörigen Buchungssätze aus Sicht des Unternehmens Holzmann.

1.

2.

3.

4.

5.

6.

Aufgabe 111

1. Wie lauten die Buchungssätze zu folgendem Beleg bei der Firma Velo-Conrad e. K.?

Kreditbank Würzburg E-Mail: infokredit-wue@t-online.de IBAN DE03 7908 0001 0000 6803 33 BIC HGENDEDA			Auszug/Jahr 45/20..	Blatt-Nr. 1 von 1
Buchungstag	Wert	Vorgang	**Kontoauszug**	**€-Konto**
28.05.	28.05.	Private Krankenversicherung		350,00 S
29.05.	29.05.	Restaurantbesuch, privat		75,00 S
30.05.	30.05.	Einzahlung vom Privatkonto		2.500,00 H
Herrn/Frau/Firma Velo-Conrad e. K. Gewerbestraße 3 97074 Würzburg			Alter Kontostand Neuer Kontostand	32.760,00 H 34.835,00 H
KONTO; KARTEN; KREDITE WIR BERATEN SIE GERN			Letzte Erstellung: Erstellungstag:	16.05.20.. 30.05.20../10:54

Buchungssätze:

2. Buche die Geschäftsfälle, welche im Kontoauszug (siehe Nr. 1) abgebildet sind, im Konto 3001 P.

Soll	3001 P	Haben

2.1 Schließe das Konto Privatkonto ab.

2.2 Überwiegen die Privatentnahmen oder die Privateinlagen? Gib den Betrag an.

2.3 Erstelle den Buchungssatz für den Abschluss des Kontos 3001 P.

Aufgabe 112

Dem Eigenkapitalkonto und Privatkonto kannst du folgende Zahlen entnehmen:

Privatentnahmen:	240.000,00 €	Schlussbestand EK:	1.200.000,00 €
Privateinlagen:	120.000,00 €	Anfangsbestand EK:	560.000,00 €

Bestimme mithilfe von T-Konten und durch eine anschließende Rechnung den Gewinn oder Verlust.

Lösung:

Aufgabe 113

Betrachte das Konto 3001 P im Unternehmen Velo-Conrad.

Soll	3001 P		Haben
a) (2800 BK)	2.000,00	b) (2880 KA)	1.000,00

1. Erstelle zu den beiden Eintragungen den dazugehörigen Buchungssatz und formuliere jeweils einen passenden Geschäftsfall.

a)

Geschäftsfall: ______________________________

____

b)

Geschäftsfall: ____

____

2. Wie lautet der Abschlussbuchungssatz für das Konto 3001 P?

Aufgabe 114

Sind die folgenden Behauptungen richtig oder falsch? Beginne bei „Start“ und verwende, je nachdem ob die Aussage richtig oder falsch ist, den passenden Pfeil. Beachte: Bearbeite die Aufgaben in der richtigen Reihenfolge von Nr. 1 bis Nr. 6. Nach 6 Zügen solltest du im Ziel angekommen sein. Viel Erfolg.

1. Wenn die Privatentnahmen überwiegen und größer sind als der Gewinn, nimmt das Eigenkapital zu.
   ☐ R ☐ F
2. Wenn die Privatentnahmen größer als die Privateinlagen sind, so steigt das Eigenkapital.
   ☐ R ☐ F
3. Das Eigenkapital nimmt ab, wenn ein Verlust gemacht wurde und die Privatentnahmen überwiegen.
   ☐ R ☐ F
4. Wenn die Privateinlagen überwiegen und kleiner sind als der Verlust, nimmt das Eigenkapital zu.
   ☐ R ☐ F
5. Das Konto 3000 EK ist ein Unterkonto des Kontos 3001 P.
   ☐ R ☐ F
6. Wenn die Privateinlagen überwiegen und größer sind als der Verlust, nimmt das Eigenkapital zu.
   ☐ R ☐ F

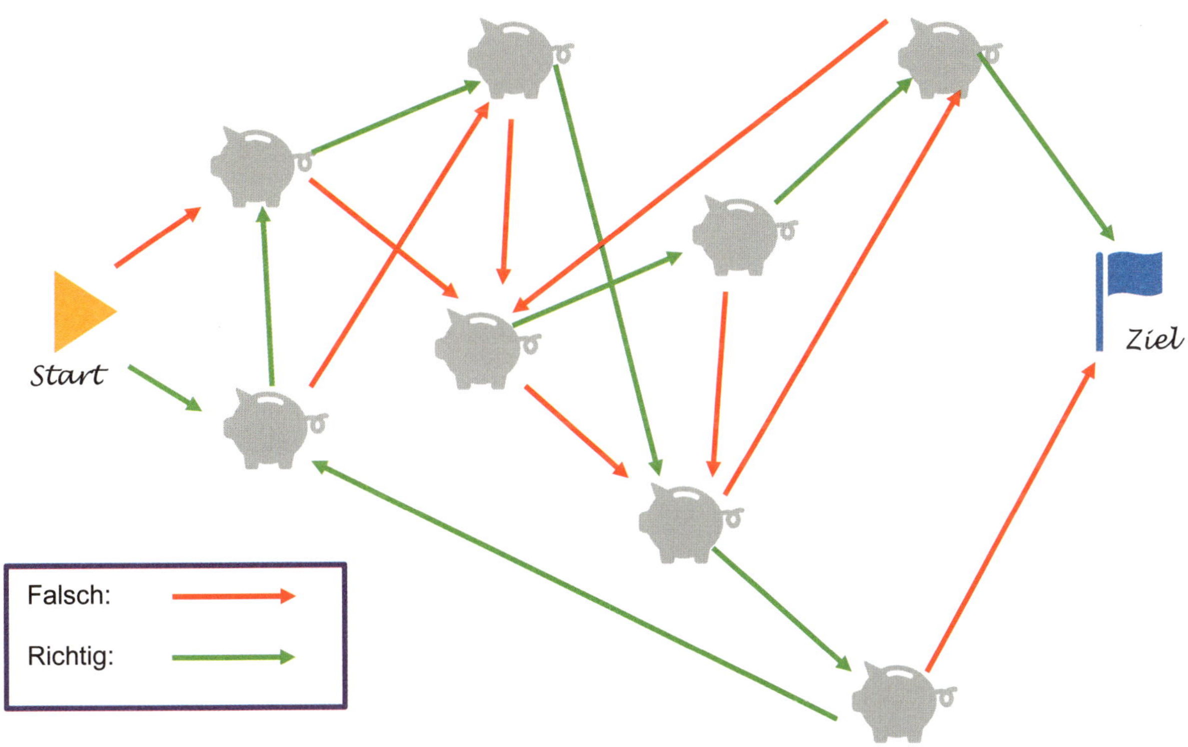